스웨덴의
저녁은
오후 4시에
시작된다

한 그루의 나무가 모여 푸른 숲을 이루듯이
청림의 책들은 삶을 풍요롭게 합니다.

일상을
행복으로
만드는
복지이야기

윤승희 지음

스웨덴의
저녁은
오후 4시에
시작된다

추수밭

정부는 믿지 못해도
정책은 믿는다

"개인적인 것이 정치적인 것이다."

이 말은 페미니스트들이 불평등한 젠더 문제를 사회적 어젠다로 끌어올 때 적극적으로 사용하는 말이다. 여성 개인이 일상적으로 겪는 불평등한 경험은 사회 내 구조적 맥락에 의해 발생된다는 의미로 쓰인다.

나는 이 유명한 페미니스트의 의제를 이렇게 적용하고 싶다.

"개인적인 것은 정책적인 것이다."

우리가 겪는 개인적인 경험은 우리가 갖고 있는 정책과 긴밀하게 연결되어 있다. 우리의 삶은 정책과 떼려야 뗄 수 없다.

아마 대부분의 사람들이 이 말에 수긍을 할 것이다.

하지만 왜 정책이 중요하며, 이것이 내 삶과 어떻게 연결된다는 것인지 묻는다면, 무슨 대답을 할 수 있을까?

실제로 나는 이러한 질문들을 많이 받았다.

"정책이 중요하다는 것은 알겠는데, 어떻게 내 삶에 영향을 준다는 것인데요?"

새로운 정책이 만들어질 때 사람들은 그 정책의 효과로 당장 나에게 어떤 혜택이 돌아올 수 있을지에 상당한 관심을 보인다. 당연한 일이다. 내가 낸 세금으로 만든 정책인데 나도 혜택을 보게 된다면 당연히 더 좋을 것이다. 하지만 정책이 갖고 있는 가치와 본연의 목적에 대해 질문을 하는 사람은 거의 만나보지 못했다.

내가 사는 아파트에는 주로 할머니와 할아버지들이 많이 사신다. 먼 한국에서 스웨덴 정책을 연구한다고 온 나는 동네 어르신들에게 관심의 대상이다. 정이 많으신(그리고 시간도 많으신) 동네 어르신들은 나에게 과거 스웨덴 이야기를 해주시곤 했다. 물론 그 이야기들을 다 믿을 수는 없었다. 가끔은 너무 주관적이고, 개인적인 감정이 듬뿍 들어 있는 이야기를 하셨기 때문이다.

하지만 나는 어르신들의 이야기를 듣는 것이 즐거웠다. 이야기 중에 이 분들은 종종 "정부는 믿지 못해도 정책(제도)은 믿는다"는 말을 농담 삼아 하시곤 했다. 정부는 몇 년 사이로 바뀌지만 정책은 정부가 바뀌어도 지속될 것이기 때문이란다. 분명 어르신들은 우스갯소리처럼 말씀하시는데, 나는 이 소리에 마냥 웃을 수 없었다. 솔직히 말해 적지 않게 놀랐는데, 우선은 그들이 보여줬던 정책에 대한 자부심 때문이고, 또 하나는 그들이 가볍게 건네는 말이 (신)제도주의 학자들이 설명하는 제도의 속성을 아주 정확하게 이해한 것이었기 때문이다.

하지만 무엇보다 내 마음을 흔들어 놓은 것은 정책이 그들의 가치를 담고 있는 하나의 역사적 유산이 되었다는 사실이었다. 정책 안에 담겨 있는 가치를 옹호하고 그것을 지키고자 노력하는 사람들, 그리고 그 정책을 후손들에게 물려줘야 한다고 역사적 사명감을 느끼는 이들을 보며 여러 생각이 들기도 하고 마음이 무거워졌다.

그렇다면 왜 이들은 이렇게 오랫동안 정책을 지키고 후세대까지 물려줘야 할 것으로 생각하고 있을까?

이들은 정책이 얼마나 우리 삶에 중요한지를 알고 있기 때문이다. 정책은 우리 삶에 좋은 방향으로든 혹은 그 반대 방향으로든 매우 많은 영향을 미친다. 그래서 스웨덴 사람들은 좋은 정책을 만들고 지키기 위해 그 오랜 세월 동안 노력해온 것이다.

그렇다면 좋은 정책이란 무엇일까?

좋은 정책이란 '좋은 가치와 목적'을 지닌 정책이라고 나는 생각한다. 즉 좋은 정책은 그 사회 구성원의 대다수가 공감하고 지지하는 정의로운 가치와 목적을 갖고 있어야 한다.

정책은 그냥 하늘에서 뚝 떨어지지 않는다. 물론 외국의 정책을 연구해서 적용하는 경우도 있지만 이 역시 해당 사회의 정치적·경제적 상황을 고려한 정책 설계라고 볼 수 있다.

현재 우리가 살고 있는 사회에는 다양한 문제(빈곤, 불평등, 실업, 저출산 등)들이 나타난다. 그리고 이 문제들을 고쳐 나가기 위해 우리는 정책이라는 것을 만든다. 해당 문제에 잘 대처하는 것이 정책의 '목적'이 된다. 그리고 그 문제를 어떻게 해결할 것인지에 대한 우리의 태도를 반영하는 것이 바로 해당 정책이 갖고 있는 '가치'가 된다.

해당 정책이 좋은지 나쁜지 우리가 판단하기 위해서는 정책이 지닌 목적과 가치를 정확하게 알아야 한다.

물론 정책이 지닌 가치를 안다고 해서 그 정책을 다 이해할 수는 없다. 하지만 정책의 가치를 알면 해당 정책을 바라보는 눈 즉 안목을 가질 수 있다. 정책에 대한 안목이 생기면 이 정책이 왜 필요한지, 그리고 좋은 가치와 의도를 가진 정책을 지지하기 위해서는 어떤 노력이 필요한지에 대해서도 알 수 있게 된다.

할머니와 할아버지가 만들고 아버지와 어머니가 지켜온 정책이 이제는 소중한 아이들의 삶을 뒷받침하는 든든한 버팀목이 된 곳, 스웨덴. 이제부터 나는 정책을 만들고 그 안에서 살아가는 스웨덴 사람들의 이야기를 하려고 한다. 스웨덴의 역사는 스웨덴 사람들이 어떻게 좋은 정책을 통해 어려움을 극복하고 정의로운 가치를 실현했는지 보여주고 있다. 그리고 이는 비단 스웨덴에만 국한된 이야기가 아닐 것이다.

나는 스웨덴의 정책 이야기를 통해 우리가 갖고 있는 많은 사회 정책들이 태어난 배경과 그것들이 지니고 있는 가치에 대해 이야기할 것이다. 우리도 좋은 정책을 만들고 지켜낼 수 있다고, 그리고 그러한 정책을 우리 아이들에게 물려줄 수 있다고 이야기하고 싶다.

우리가 만들어 후손에게 물려줘야 하는 중요한 역사적 유산, 정책.

우리의 평범한 삶과 생활의 모든 문제와 관련된 정책이야기.
이제 시작해 보겠다.

"가장 강한 사람은
자신이 약하다는 사실을 잊지 않는다"

_스웨덴 속담

| 차례 |

1장

함께 살아가기 위해
필요한 것

내가 세금을 내는 이유
어느 스웨덴 할아버지의 명언

스웨덴에 와서 만난 친구가 있다. 70세를 넘기신 요나손 할아버지다. 사실 친구라 부르기에는 연세가 많으시다. 왕년에 취미가 마라톤이었던 요나손 할아버지는 매일 아침 한 시간 넘게 달리기를 하시는 아주 건강한 분이다. 항상 주머니에 초콜릿을 넣어 다니시는 요나손 할아버지의 큰 자랑은 동네 야구단 선수로 뛰고 있는 손자다.

그런데 요새 요나손 할아버지에게 두 가지 고민거리가 생겼다. 하나는 손자에게 새로 사준 강아지가 도통 말을 듣지 않는 것(할아버지의 추측으로는 이 강아지가 이탈리아 개이기 때문이란다)이고, 다른 하나는 새로 사귄 프랑스인 할머니가 데이트할 때 전혀 돈을 안 내는 것이다.

그날도 요나손 할아버지와 나는 할아버지의 초콜릿을 사이좋게 나누어 먹으며, 이런저런 이야기로 시간을 보내고 있었다. 그러다 이야기의 주제가 스웨덴 정치 이야기로 흘렀다.

당시 스웨덴 정치의 가장 큰 화제는 2018년 9월 총선이었다. 총선과 관련하여 여러 가지 이슈가 있었는데, 특히 반反난민, 반이민 정서에 기반한 스웨덴 민주당의 득세가 과연 총선에 어떠한 영향을 미칠 것인지 관심을 모았다. 극우정당의 성장은 비단 스웨덴만이 아니라 유럽 전역에서 일어나고 있는 현상 중 하나였다.

극우정당인 스웨덴 민주당은 원래 정부 구성에 영향을 주지 못할 정도로 미약한 정당이었지만, 2016년 선거에서 득표율이 높게 나오면서 상승세를 타기 시작했다. 그러다가 2018년 9월 총선에서는 우파가 선거에서 이기고 정부를 구성하기 위해서는 스웨덴 민주당의 힘을 필요로 하는 상황에까지 이르렀다.

스웨덴 민주당은 항상 반이민 정책을 강하게 주장해왔기 때문에 다른 정당들의 비판을 받고 있었고, 심지어 같은 우파 안에서도 비판을 받는 존재였다. 하지만 이 정당의 득표율이 성장함에 따라 우파 안에서도 이들과 손을 잡아야 하는지에 대한 고민이 깊어졌다.

그럼에도 2018년 총선에서 스웨덴 민주당과 손을 잡은 우파 정당은 없었다. 그러나 스테판 뢰벤Stefan Löfven 총리가 주도한 집권연정(사민당과 녹색당)인 좌파 연합과 야당인 우파 연합 모두 과반 의석 달성에 실패했다. 총 394석 중 집권 여당은 144석을, 야당(우파 연합)

은 143석을 갖게 된 것이다. 이 와중에 스웨덴 민주당은 득표율 17.6 퍼센트를 얻어내는 큰 성과를 거두었고, 집권당인 사민당(사회민주노동당) 그리고 온건당(보수당)을 이어 제3당으로 부상하게 된다.

문제는 좌파 연합이든 우파 연합이든 모두 과반 좌석을 얻는 데 실패했기 때문에 정부를 구성하기 위해서는 누구든 스웨덴 민주당의 손을 잡아야 하는 모양새가 되었다는 것이다. 극우정당이 스웨덴 정부 구성의 중요한 캐스팅보트를 쥐게 된 것이다. 많은 사람들이 스웨덴 민주당으로 인해 우파 정당 및 스웨덴 정부 구성에 상당한 지형 변화가 있을 것이라 생각하고 있었다.

하지만 결과는 전혀 예상치 못한 방향으로 흘러갔다. 바로 현 정부인 사민당이 우파인 중앙당 그리고 자유당과 손을 잡고 좌우 연정이 성사된 것이다. 물론 중앙당과 자유당은 우파 안에서도 난민 정책에 우호적인 정당이다. 그렇지만 좌우 연정을 하기 위해 사민당은 우파 정책의 일부를 수용해야 했다. 그 결과 총선 4개월 만에 정부가 구성되었다. 물론 좌파와 우파 모두에게서 외면을 받은 스웨덴 민주당은 여전히 불만이 많다.

2012년 시리아 난민 사태 이후 난민과 이민자들은 유럽 전역에 걸쳐 큰 고민거리다. 그리고 스웨덴은 인구 수 대비 가장 많은 전쟁 난민을 받아들인 국가다. 유럽 안에서 시리아 전쟁 난민을 가장 많이 받아들인 국가는 독일이고 그다음이 스웨덴이다. 하지만 자국민 100명당 전쟁 난민을 받아들인 수치는 스웨덴이 독일보다 훨씬 높을 뿐 아니라 유럽 안에서도 가장 높다. 독일보다 인구도 적고 영토도 작은 국가에서 상당히 많은 난민을 받아들인 셈이다. 그리고 이러한 수치는 통상 난민에게 관대한 북유럽 국가들 중에서도 월등히 높다.

난민을 받아들인다는 것은 생각처럼 쉬운 일이 아니다. 더군다나 스웨덴으로 들어오는 난민들의 인구학적 통계를 보면, 초등교육도 못 마친 저학력 인구가 많으며, 아동을 데리고 있는 가족 단위인 경우가 많다. 이것은 이들에게 주거, 의료, 교육에 대한 지원이 필요하다는 것을 의미한다. 실제로 스웨덴 정부는 이들의 주거와 교육을 위한 대대적인 지원을 하고 있는 상태다. 스웨덴 언어를 가르쳐주는 시설인 SFI(Swedish for Immigrants)는 현재 시리아 난민들로 넘쳐나고 있는 상황이다.

난민을 받아들이는 것은 인도적인 측면을 떠나서 현실적인 어려움에 직면해야 함을 의미한다.

알려진 바와 같이 스웨덴은 상당히 높은 수준의 복지정책을 갖고 있다. 그리고 이러한 복지 시스템은 누구나 누릴 수 있는 보편적이고 평등한 권리이다. 난민이라고 해서 복지 시스템에 대한 접근을 제한하지는 않는다. 이들이 지향하는 정책은 바로 평등하고 보편적인 복지국가이기 때문이다.

하지만 문제는 바로 재정이다.

다들 알고 있겠지만 스웨덴은 어느 나라보다 세금을 많이 낸다. 물론 현재 다수의 국민들은 이러한 높은 세금에 불만이 없다. 매년 하는 조사만 보더라도 세금에 대한 국민들의 인식은 긍정적이고, 이 제도를 유지해야 한다고 생각한다.

그러나 난민들처럼 이 사회에 기여하지 않은 사람들에게 계속 이러한 복지 혜택을 준다는 것은 다른 문제다. 바로 이 지점에서 스웨덴 사회의 갈등이 드러나고 있다. 그들이 만들어온 보편적이고 평등한 사회는 누구에게나(심지어 이 사회에 기여를 하지 않았던 난민들에게도) 열려 있어야 하는가, 아니면 '사회에 대한 기여'를 조건으로 제한을 둘 것인가? 스웨덴으로 들어오는 전쟁 난민의 급증은 현재 스웨덴에게 새로운 도전이며, 중대한 질문을 던지고 있다.

스웨덴에 들어오는 전쟁 난민 이야기를 하다 나는 문득 요나손 할아버지의 생각이 궁금해졌다. 극우정당이 주장하는 것처럼 스웨덴 정부가 전쟁 난민을 너무 많이 받아들여서 재정적으로 어려워지고 있다는 우려가 들지는 않는지, 난민들이 복지사회라는 기차에 무임승차하고 있다는 억울함은 없는지 궁금해졌다. 솔직히 나라면 그러한 우려와 억울함이 생길 것 같기도 했다.

"요나손, 당신들은 이렇게 세금도 많이 내잖아요. 지금 받고 있는 연금에서도 세금이 꼬박꼬박 나가는데, 스웨덴 사회에 아무런 기여도 하지 않는 난민들에게 교육, 주거, 의료도 무료로 해주는 것이 억울하지 않아요?"

내 질문에 요나손 할아버지는 잠시 고민을 하셨다.

"맞아. 지금 스웨덴에 들어오는 난민 문제는 힘들고 어려운 문제야. 솔직히 나도 걱정이 될 때가 있어. 특히 일부 지역에서 반난민 시위를 하고 있다는 소식들이 들려오면, 걱정스러운 것이 사실이야 (당시 스웨덴 남부 지역인 말뫼 지역과 예테보리 지역에서는 반난민 시위를 벌이는 중이었다). 하지만 나는 그렇기 때문에 우리가 세금을 내는 거라 생각해. 힘들고 어려운 사람을 도우라고 우리가 다 같이 세금을 내는 거야."

요나손 할아버지의 대답에 나는 잠시 당황했다.

요나손 할아버지는 동네 야구단 선수인 손자 이야기만 나오면 시간 가는 줄을 모르시고, 정치인들이 토론만 하느라 정작 일은 못하고 있다고 푸념을 하시는 아주 평범한 스웨덴 할아버지다.

그런 그가 자국민도 아니고, 그렇다고 현재 복지국가 건설에 어떠한 기여도 하지 않은 난민들을 돕는 것에 대해 이렇게 이야기를 한다. 그래서 세금을 내는 거라고. 그들처럼 어려운 사람을 도와주라고 난민을 받는 것이고 세금을 내는 거라고.

우리에게 복지국가로 잘 알려진 스웨덴은 1940년대까지 경제적으로 아주 어려운 국가였다. 하지만 이 사실을 아는 사람들은 그리 많지 않다. 당시만 해도 스웨덴 사람들은 일거리를 찾아 미국, 캐나

■스톡홀름의 봄, 여름, 가을, 겨울의 풍경.

다, 호주 그리고 남미로 떠났으며, 극심한 배고픔으로 고통받는 아동의 수가 너무 많아 영국에서 구호품을 받기도 했다. 현재는 영국과 프랑스 그리고 독일과 어깨를 견주고 있지만 과거 스웨덴은 인구수도 적고, 척박한 땅과 춥고 기나긴 겨울을 지닌 내세울 것 없는 약하고 작은 북쪽의 나라였다. 하지만 이제 스웨덴은 유럽 안에서도 강국이자 복지국가의 대명사로 손꼽힌다. 그리고 스웨덴 사람들은 본인의 나라를 자랑스럽게 생각한다.

어쩌면 우리는 현재의 스웨덴만 바라보고 동경하고 있는지 모른다. 하지만 이들에게도 배고픔을 견딜 수 없어 고향을 떠나 외국으로 먹고살기 위해 떠나야만 했던 힘든 시절이 있었다. 그럼에도 이들은 마침내 어려움을 극복했고, 그 결과가 바로 현재의 '복지국가 스웨덴'이다. 그들은 사회의 문제와 어려움을 극복하기 위한 수단으로 '보편적 복지'를 선택했다. 그리고 이러한 선택이 옳았다는 것은 현재의 스웨덴이 증명하고 있다.

현재 스웨덴은 난민 문제로 고민이 많다. 하지만 대다수의 국민들은 요나손 할아버지처럼 난민에 대한 차별적인 대우를 원하지 않는다. 이유는 분명하다. 지금은 힘들지만, 스웨덴에 들어온 난민들은 이후에 스웨덴 시민이 될 것이며, 이들과 이들의 자녀들이 이 사회에 자원이 되고 기여를 할 것이라 믿기 때문이다. 그러므로 스웨덴은 이들을 도와야 한다고 생각한다. 보편적 복지에 제한을 두는 것은 그들이 지금까지 겪어온 수많은 어려움을 극복한 방법이 아니었다.

경제적으로 어렵던 시절 사민당이 내세운 '국민의 집Folkhemmet' (2장의 '복지는 사회적 위기 속에서 나온다'에서 다시 자세하게 소개된다)에 스웨덴 사람들이 열광한 것은 그것이 나만 잘사는 사회가 아니라 우리 모두가 평등하게 잘사는 사회를 구상하고 목표로 삼았기 때문이다.

그래서 그 어려운 시절 이들이 만들어낸 정책은 보편적인 정책들이었다. 대표적인 예가 1938년 만들어진 '아동수당'이다. 모든 아동을 대상으로 하는 보편적인 아동수당이 만들어진 것이다. 어려울수록 이들은 다 같이 연대해야 함을 체험했다. 제한과 차별로는 어려움을 극복할 수 없다는 것을 이들은 알았다.

다 같이 어려움을 극복하기 위해, 이들은 세금을 낸다.
그리고 그것을 나눈다.
어려운 이를 돕는 것은 마땅한 사회적 책임이기 때문이다.

2018년 총선 결과는 스웨덴 역시 유럽 전역을 강타한 극우 바람과 난민 문제에 대처하기가 결코 쉽지 않다는 것을 엿볼 수 있게 한다. 하지만 이들의 선택에는 다른 점이 있었다.

정치권 안에서 무섭게 성장한 극우정당의 손을 잡고 당장 정권을 잡기보다는 합리적인 선택을 위해 서로의 입장을 양보하는 방법을 택한 것이다. 이러한 선택을 두고 스테판 뢰벤 총리는 스웨덴이 전혀 다른 '제3의 길'을 선택했다고 말했다. 그리고 스웨덴의 난민과 이민자 정책의 기조는 변하지 않을 것임을 분명히 했다.

할아버지와 대화 이후에 나는 정책에 대한 나의 생각을 다시금 정리했다.

나는 왜 정책을 통해 우리 사회의 희망을 이야기하고자 했을까? 정책 안에 희망이 있다는 나의 생각에는 변함이 없다. 하지만 정책이 지닌 희망을 이야기하기 전에 우리가 당면한 어려움과 그 어려움을 이겨낼 수 있는 의지에 대해 더 관심을 가졌어야 했다. 그러한 의지를 바탕으로 우리는 좋은 정책을 만들 수 있고 더 나은 사회를 위한 희망을 전할 수 있기 때문이다.

정책이 희망이 되려면, 현재의 어려움을 극복할 수 있다는 의지가 필요하다. 그리고 그 의지를 담는 수단이 바로 정책이다.

나는 정책을 통해 희망을 이야기할 것이다. 그것이야말로 어려움을 현명하게 극복하는 방법을 전하는 것이며 나눔을 이야기하는 것이라 나는 믿는다.

현재 우리 사회는 여러 가지로 힘든 상황에 직면해 있다. 하지만 이 어려움 안에 희망도 동시에 존재한다고 나는 믿는다. 우리가 희망을 이야기하고 싶다면, 현재의 어려움을 이겨낼 수 있어야 한다.

스웨덴은 역사를 통해 그리고 현재를 통해 우리에게 말한다. 정책은 미래의 희망을 위해 현재에 뿌리는 씨앗이라고. 그리고 배제와 차별을 바탕으로 하는 정책은 어떠한 어려움도 극복할 수 없을 것이라고 말이다.

　며칠 후 다시 요나손 할아버지를 만났다.

　데이트 비용을 전혀 내지 않는 프랑스 할머니와 헤어졌단다.

　아마도 요나손 할아버지에게 나눔의 가치를 난민에게 나누는 것과 데이트 비용을 혼자 부담하는 것은 전혀 다른 차원의 문제인 듯하다.

정책의 주인은 정당이 아니라 국민이다
국회도 바꿀 수 없는 스웨덴의 세 가지 정책

스웨덴에 살고 있는 나에게 지인들은 종종 스웨덴에 살면 무엇이 가장 좋은지 묻곤 한다.

아마도 유럽에 산다고 하면 고풍스러운 거리의 풍경과 여유로운 삶의 모습 뭐 그런 풍경을 떠올리는 것 같다. 중세 건물들을 배경으로 야외 커피숍에서 여유롭게 커피 한잔을 하고 있는 모습을 상상할지 모른다(솔직히 이건 내가 예전에 했던 상상이다). 물론 내가 살고 있는 스톡홀름 시내에는 중세 건물들이 많다. 우리 동네에도 18세기에서 19세기에 지어진 건물들이 즐비하다. 그리고 그곳에 사람들이 살고 있다. 1944년에 지어진 우리 아파트는 동네에서 상당히 최신형 아파트에 속한다. 물론 스톡홀름 외곽으로 나가면 근래에 지어진 아파트들도 많다.

여하튼 한국에 사는 지인들의 물음에 나는 망설임 없이 이렇게 대답한다.

"공기와 물이 가장 좋아!"

하지만 나의 이러한 대답에 지인들은 실망하거나 못 믿는 눈치다.

'뭐? 그 좋은 스웨덴에 살면서 고작 물과 공기가 좋다고?'

상대방의 실망을 뒤늦게 눈치 챈 나는 서둘러 우리 동네에 즐비한 오래된 건물 이야기도 하고, 저렴한 비행기 표를 구해 다녀왔던 유럽 여행 이야기도 한다. 그러면 다들 "우와 좋겠다, 역시 유럽은 다르구나"하고 맞장구를 쳐준다.

맞다. 스웨덴에 살면 좋은 점들이 참 많다. 무엇보다 가까운 유럽 여러 나라들을 저렴하게 여행 다닐 수 있다는 것은 여기 살면서 누릴 수 있는 호사 중의 호사다. 하지만 내가 정말로 가장 좋다고 생각하는 것은 스웨덴의 '공기'와 '물'이다.

여기 하늘은 참 맑고 높으며, 넓다. 나처럼 시력이 나쁜 사람도 저 멀리 지평선을 볼 수 있다. 아침에 일어나 창문을 열면, 상쾌한 공기가 내 몸에 생기를 불어넣어 주는 것 같다.

물맛은 또 얼마나 좋은지! 한국에서는 수돗물을 끓여 먹었는데, 당시 주변에서 수돗물을 끓여 먹는 집은 그리 많지 않았다. 주로 정수기를 놓고 정수된 물을 먹거나 아니면 생수를 사다 먹는 집이 대다수였다. 보리차를 좋아하는 나는 주전자에 보리를 넣고 끓여 먹었다. 하지만 여름에는 이것도 귀찮아 생수를 사다 먹곤 했다. 차도 없는 나에게는 그 무거운 생수를 사서 들고 오는 것도, 생수통을 매

스웨덴 가정집의 창문에서 본 풍경.

주 재활용 쓰레기장에 버리는 것도 일이라면 일이었다. 그런데 여기서는 그냥 수돗물을 마신다. 물론 유럽이라고 다 수돗물을 그냥 마시지는 않는다. 수질이 나빠서 혹은 석회 성분으로 인해 수돗물을 바로 먹을 수 없는 국가들도 있다. 하지만 스웨덴의 물맛은 참 좋다.

스웨덴 사람들에게 여기 공기와 물맛이 참 좋다고 하면 대수롭지 않게 웃는다. '무슨 공기와 물맛에 저렇게 감동을 받나' 하며 의아해할지도 모른다. 하긴 여름이 되면 주변의 호수와 강가에 모여들어 수영을 하고 수돗물을 그냥 아무렇지 않게 마시며 살던 이 사람들은 내 말이 이해가 되지 않을 것이다. 하지만 미세먼지로 창문을 열지도 못하고, 마스크를 착용하고, 마트에서 세일하는 생수통을 낑낑대며 사오던 나에게 여기의 물과 공기는 선물이다.

공기와 물은 우리가 살아가는 데 필요한 기본이다.
정책에도 기본이 있다.

스웨덴은 집권 정당 혹은 의회에서도 마음대로 바꾸지 못하는 것이 있다. 바로 연금, 국방, 에너지다. 이 세 영역에 대한 정책을 도입하거나 기존의 방향을 수정하기 위해서는 반드시 국민투표를 거쳐야만 한다. 절대로 집권 여당이 단독으로 의회에서 결정을 내릴 수 없는 사안이다.

그렇다면 왜 꼭 이 세 영역에만 국민투표의 단서를 달았을까?

이 세 영역이 아주 중요하다고 판단해서다. 물론 국가 운영에 있어 어느 하나 소홀히 다룰 수 있는 영역은 없다. 하지만 스웨덴 사람들은 이 세 영역이 국가의 미래와 직결된 것으로 본다.

연금은 현재 국민들의 노후 안정, 국방은 국가의 안보와 안전 그리고 에너지는 환경과 관련된 것으로 이 세 영역은 모두 국민의 삶을 위험으로부터 지키는 중요한 정책 영역이다. 정치인들은 이 분야에 대해서는 장기간 토론과 논의를 거치며, 최종적으로 모아진 대안을 가지고 국민투표를 시행한다.

무엇이든 빠르게 진행되는 것을 원하는 우리에게는 속 터지는 광경이 연출될 수도 있다. 무슨 토론을 저렇게 오래 하나, 무슨 논의 과정이 이렇게 지지부진하고 끝이 없단 말인가(몇 년에 걸쳐 하는 논의도 많다) 하면서 불평할지도 모르겠다.

하지만 이들은 그렇게 해왔고 지금도 그렇게 하고 있다. 물론 스웨덴 사람들 중 나처럼 성미가 급한 사람은 속 터진다고도 이야기한다. 그럼에도 다들 중요한 사안이 섣불리 결정되는 것을 원하지 않는다. 특히 이 세 영역은 국가의 미래를 내다보는 문제이기 때문에 더더욱 신중해야 한다고 이야기한다.

연금, 국방, 에너지는 상당히 중요한 국가 정책이다.

그리고 이 중요한 정책 분야를 국민투표로 결정한다는 것은 여러 의미가 있다.

앞서 말한 것처럼 미래를 결정하는 문제이기 때문에 신중하고자 하는 의미도 있지만, 더 중요한 것은 이런 중대한 사안이 정쟁에 휘말리지 않게끔 막겠다는 의지다. 즉 집권 정당이 단독으로 혹은 정치적 논리에 의한 정쟁의 결과로 중요한 정책을 좌지우지할 수 없다는 것이다. 또한 이것은 나라의 중대 사안을 결정하기 위해서는 반드시 국민의 선택이 있어야 함을 의미한다.

'국민의 선택'. 상당히 민주적인 말처럼 들린다. 맞는 말이다. 이것은 국가의 중대 사안에 대한 국민들의 알 권리이기도 하다. 하지만 이 말은 동시에 국민으로서 '올바른' 선택을 해야 하는 의무를 뜻하기도 한다.

연금, 국방, 에너지는 중요한 동시에 복잡한 정책 영역이기도 하다. 이러한 분야를 국민들에게 공개하고 결정하겠다는 말은 국민들이 이 정책 영역에 대해 잘 이해하고 본인들의 생각을 갖고 있어야 함을 의미한다. 이것은 결코 말처럼 쉬운 것이 아니다.

연금, 국방, 에너지는 우리나라에서도 중요한 사안이다. 하지만 현재 우리나라 국민연금의 운영방식과 연기금 운용에 대해 우리는 얼마나 알고 있을까? 국방 문제에 있어서도 큰 이슈가 터지기 전에 우리는 과연 얼마나 관심을 가지고 있을까? 더욱이 우리나라는 휴전 중인 분단국가이지 않은가? 마지막으로 우리는 원자력 에너지에 대해 정리된 생각이 있을까? 혹은 그것을 대체할 수 있는 신재생 에너지에 대해 얼마나 알며 고민하고 있을까? 당장 오르고 내리는 전기료에 관심은 있지만 '왜' 전기료가 오르거나 내려야 하는지에 대해 관심이 있을까? 그리고 현재 우후죽순으로 생겨나는 태양광 에너지에 대해 우리는 얼마나 알고 있을까?

스웨덴의 정책 결정 과정은 상당한 논의와 토론 그리고 정당 간 타협의 과정이라 일컬어진다. 하지만 스웨덴 정책 결정에 가장 중요한 역할을 하는 것은 바로 '국민'이다.

스웨덴은 국가의 미래를 결정하는 중요한 정책을 '국민의 선택'에 맡긴다. 국민이 바로 정책의 방향을 결정짓는 미래이자 기본이기 때문이다.

그렇다. 국민이 바로 정치와 정책의 기본이자 '공기'와 '물'이다.

나는 스웨덴의 공기와 물이 참 좋다.

오늘도 일어나자마자 창문을 활짝 열고 공기를 크게 들이마셨다. 그리고 수돗물을 콸콸 틀고 물을 한잔 들이켰다.

나는 공기와 물이 우리 삶의 기본이라고 생각한다.

그리고 나는 정책에도 기본이 있다고 생각한다. 좋은 정책이 만들어지고 세워질 수 있는 기본, 그것은 바로 우리들이고 당신이다.

당신이 바로 우리 정책의 기본이다.

아이들의 밥그릇을 지켜주는 나라
엄마가 본 스웨덴

　　　　　　　　　엄마와 여동생 내외가 다녀갔다.

엄마 오시면 뭐해 드려야 하나, 어디를 가야 하나 고민을 많이 하고 생각도 많이 했었는데…….

무릎 관절이 안 좋으신 엄마와 임신한 여동생과 다니다 보니, 계획한 일정의 반절도 못 다녔던 것 같다. 그래도 습하고 더운 한국의 여름에 지쳐 있던 가족들에게 스톡홀름의 청명함은 그 어떤 풍경보다 감동인 듯했다.

유럽 여행이 처음인 엄마는 연신 "좋다"는 말을 하셨다.

막내 여동생의 표현을 빌리자면, 우리 엄마는 감흥이 별로 없는 사람이다. 평소에 무엇이 아주 좋고, 무엇이 아주 나쁜지 말이 별로 없으시고, 내색도 별로 없다. 원래 그렇게 감흥이 별로 없었던 건지, 살다 보니 감흥이 무뎌지신 건지 잘 모르겠지만 말이다.

'우리 엄마는 좋다 나쁘다 표현을 잘 안 하시는구나…….'

선물을 사드려도 좋다는 말도, 싫다는 말도 없으시다. 친구 모임에 선물로 사드린 옷을 입고 나가시면 '선물이 맘에 드셨구나' 정도로 짐작을 한다. 물론 이것도 눈치 빠른 여동생이 귀띔을 해줘야 아는 사실이다.

그런 엄마가 이번에 여기 와서는 좋다는 말을 연거푸 하셨다.

"세상에 저 하늘 봐라", "구름 봐라", "건물 봐라", "여기 사는 사람들 봐라" 등등…….

나의 딸 도연이의 손을 잡고 아이스크림을 먹으며 지나가는 사람 구경을 하는 엄마의 얼굴은 잔뜩 상기되셨다. 나도 속으로 '엄마가 정말 좋으신가보다' 생각을 하는데, 언제나 엄마에게 가장 착하고 살가운 딸인 여동생이 그런다.

"언니, 엄마가 어제 그러는데 여기 너무 좋대."

"그래?"

"언니도 알잖아. 엄마가 원래 뭐가 좋아도 좋다고 잘 안 하시잖아. 예전에 내가 처음 해외여행 모시고 갔을 때도, 별로 좋다는 말을 안 하더니, 이번에는 얼마나 좋은지 자기 전에 누워서도 좋다고 그러더라."

무릎 때문에 무리하시지 말고 좀 쉬었다 가자는 말에도 엄마는 저만치 걸어가시며, 젊은 애들이 왜 그리 행동이 굼뜬지 영 못 마땅해하셨다.

우리 엄마에게 이번 여행은 첫 유럽 여행이었다.

우리집에 도착하는 날 엄마와 여동생 내외는 정말 가져올 수 있는 최대치의 짐을 잔뜩 들고 왔다. 여기 오면서 분명 이런저런 한국 음식들을 잔뜩 가져오시리라 짐작은 했다. 가방을 풀자 김치와 온갖 한국 음식들이 쏟아져나왔고, 한쪽 구석에는 비닐에 싸인 물건이 초라하게 있었다. 바로 엄마의 옷이었다.

첫 유럽 여행을 맞이하는 우리 엄마의 여행 가방에는 단 한 벌의 옷만 들어 있었다.

"엄마, 옷을 한 벌만 갖고 오면 어떡해. 무슨 음식을 이렇게 많이 가져온 거야!"

"내가 무슨 옷이 필요하냐? 한 벌이면 되지. 음식 가져올 게 더 많았는데, 다 못 가져오고 두고 온 게 너무 아깝다."

'아, 엄마…….'

음식이 상하지 않을까 부랴부랴 음식을 정리하는 엄마를 보며, 너무 속상한 나머지 나는 화를 내고 말았다.

"엄마, 옷 사자. 그래도 유럽 여행인데, 어떻게 한 벌만 입고 다녀. 사진도 찍어야지!"

당연히 엄마는 옷을 사지 않으셨다.

가족들 사진이든, 엄마 단독 사진이든……. 여러 배경을 두고 찍은 사진들 속에서도 엄마의 옷은 한결같았다. 도중에 내가 사준 머플러를 두르고 찍은 사진과 그렇지 않은 사진으로 구분이 될 뿐이었다.

어느덧 엄마가 다시 한국으로 돌아갈 날이 다가오고 있었다. 이른 저녁을 먹고 엄마와 둘이서 동네 산책을 했다. 잠시 벤치에 앉아 쉬는데, 뜬금없이 엄마가 이런 이야기를 하셨다.

"옛말 틀린 거 하나 없다고 하는 말 있지? 그것도 틀린 말이다."

무슨 소린가 하고 듣고 있으니,

"옛날에, 자식 낳아서 어떻게 키우나 걱정하면, 어른들이 그랬잖아. 걱정 말라고, 옛말에 다 자신의 밥그릇은 갖고 태어난다고. 그런데 그 말은 틀린 거 같다. 아이들은 지 부모가 어떻게 사는지에 따라 밥그릇이 달라. 안 그러냐? 엄마 아빠가 못 배워서 너희가 더 고생한 거 내가 알지……. 그런데 여기 사람들 보니, 사람은 어느 나라에 태어나느냐에 따라 지 밥그릇이 다른 거 같다."

엄마의 눈길이 머무는 곳에는 아장아장 걷는 아이들과 그 부모들, 그리고 은발이 멋진 할머니들과 할아버지들이 여유롭게 햇살을 즐기고 계셨다.

평생 가족을 위해 사신 우리 엄마는 왜 뜬금없이 옛말이 틀렸다는 넋두리를 하시는 걸까?

스톡홀름 시청을 배경으로 느긋하게
햇살을 즐기고 있는 노부부.

"엄마, 예전에는 다 그랬을 거야. 다들 힘들게 살았다며. 그러니까 그런 말이라도 믿어야 위로가 되지."

"그랬을지도 모르지……. 막막한 시절, 아이들은 커가는데, 돈 나올 구멍은 뻔하니……. 그런 말이라도 믿어야 살지. 그런데 승희야, 엄마는 엄마 이야기를 하는 것이 아니라 너희 이야기를 하는 거야. 너희 할머니 때랑 나 때랑 너희 때는 다르잖냐. 도연이 때는 더 다를 것이고. 우리는 다 그렇게 살았지만, 너희는 그렇게 살면 안 되니까 하는 소리다."

아이들이 갖고 태어난다는 자신의 밥그릇은 부모에 따라 다르고 무엇보다 어느 나라에서 태어나느냐에 따라 다르다는 것을……. 엄마는 말씀하고 싶어 하신다는 것을 안다.

"난 그래도 우리나라가 좋아. 가족들이 다 있잖아."

"무슨 소리냐, 너희가 여기에 있으니 이렇게 좋은 곳도 나와 보는데……. 요새는 글로벌한 사회라 다 본인 좋은 곳에서 사는 거야."

엄마 입에서 '글로벌'이라는 말이 나오는 것이 생소하고 웃음이 나왔다.

동네 목욕탕에서 냉커피 마시는 것이 낙이라면 낙이며, 몇십 년 지기 친구들과 가끔 만나 화투를 치며, 손자를 볼 정도로 늙었어도 여전히 화투 매너가 꽝이라며 모임에서 올 때마나 특정 친구를 흉보는 엄마가, 평생을 군산에서만 사셨던 우리 엄마가 요새는 글로벌하기 때문에 세상 어디든 살아도 좋단다.

나는 안다. 그리고 우리 엄마도 알 것이다. 그냥 지나쳐 보는 삶과 실제로 살아보는 것은 다르다는 것을. 그래서 타국에 사는 것이 절대로 쉽지 않을 거라는 것을.

하지만 우리 엄마는 안다. 어느 세상이 우리 자식들에게 더 좋은 세상인지, 어느 세상이 우리 자식들의 밥그릇을 따뜻하게 채워주고, 대접받고 살게 해주는 곳인지.

우리 엄마는, 경유하는 비행기 타는 것을 두려워하지만, 스웨덴 사람에게 꿋꿋하게 한국말로 물어보면서 의사소통을 하고, 좋아도 좋다고 잘 이야기하지 않고 감흥이 별로 없으며, 생애 첫 유럽 여행 오시면서 딸과 외손주 음식을 바리바리 챙기느라 정작 본인 옷은 단 한 벌 챙겨오는 아주 옛날 사람이다.

세상 돌아가는 데 눈이 어둡고, 지나간 세대이지만, 우리 엄마가 가장 잘 아는 것이 있다.

바로 본인 자식들의 밥그릇 문제다. 잘 먹이고, 잘 키우는 것.

그런 우리 엄마에게 스웨덴은 '밥그릇'을 채워주고 지켜주는 나라로 보였던 것이다.

내가 열심히 여기서 복지국가의 가치와 철학 그리고 분배의 정의에 대해 고민을 하고 있을 때, 화투에서 셈이 느려 양장점 아줌마에게 또 속았다고 화를 내시는 우리 엄마는 아주 분명하게 복지국가의 정의를 내려주고 가셨다.

"우리 자식들의 밥그릇이, 부모에 따라 달라지지 않게 하는 나라. 그리고 각자의 밥그릇을 따뜻하고 온전하게 채워주고 지켜주는 나라."

엄마가 한국으로 돌아가신 후, 내 통장에 50만 원이 들어왔다.

"사랑하는 딸에게."

통장에 찍힌 글을 보고, 엄마를 닮아 감흥이 별로 없는 나의 눈에 눈물이 왈칵 쏟아졌다.

"너희가 우리 갔다고 돈 많이 쓴 거 알아……. 많이 못 부쳤다."

무슨 돈을 부쳤냐고 전화를 건 나에게 엄마는 연신 우리가 돈을 많이 써서 어쩌냐며 걱정을 하셨다. 엄마를 닮아 감흥이 별로 없는 나는, 나답지 않게, 떨리는 목소리 때문에 서둘러 전화를 끊어야 했다.

2장

정책이
우리 편이 되기까지

정책의 힘과 역사

오늘날 빈곤한 사람들은 누구인가
정책의 방향이 달라지는 이유

여름이 지나간다. 그리고 가을이 시작된다. 분명하게 어느 시점부터 여름이 끝나고 가을이 시작되는지 잘 모르겠지만, 누구는 청명한 하늘에서, 누구는 아침저녁으로 선선한 바람결에서, 누구는 사람들의 옷에서 가을이 오고 있다고 말한다. 농사를 짓던 우리 할머니께서는 그 거친 손으로 벼 이삭을 만지면서 수확의 계절이 오고 있음을 알려주시곤 했다.

계절이 그 시작과 끝을 알 수 없이 바뀌는 것처럼 한 시대 역시 언제 시작되고 끝을 맺는지 알기 어렵다. 역사 속에서는 한 시대가 저물면 다른 시대가 도래하곤 했다. 그래서 혹자는 "역사는 흐른다"고 말한다.

맞다. 역사는 흐른다. 하지만 흘러 없어져버리는 것이 아니라 항상 역사는 우리에게 말을 건다. 그리고 우리들은 역사를 통해 과거를 배우고 미래를 대비한다. 그래서 또 다른 혹자는 "역사는 반복된다"고 말한다. 이 역시 맞는 말이다. 그래서 사람들은 과거의 과오를 다시 행하지 않기 위해 대비하고 대안을 만든다. 과거를 교훈 삼아 우리들이 만든 대비책과 대안이 바로 정책과 제도들이다. 하지만 정책과 제도를 만들어도 풀리지 않는 문제들이 있다.

그 중 하나가 바로 오늘 이야기하게 될 빈곤 문제이다.

우리는 빈곤이 무엇인지 다 알고 있다. 직접적으로 경험을 해봤을 수 있고 간접적으로 알 수도 있다. 여하튼 빈곤 다시 말해 '가난'이 무엇인지 구체적으로 말할 수는 없어도 다 알고는 있다. 그리고 빈곤한 사람들이 우리 사회에 여전히 많이 있다는 것 역시 알고 있다. 빈곤을 무엇이라 규정하든 그것은 개인의 가치관에 따라 다르기 때문에 빈곤의 개념을 정의하는 것은 아주 어려운 작업일 수 있다. 실제로 빈곤은 아주 다양하게 이해되는 개념이다. 그래서 빈곤이란 단어는 매우 보편적으로 사용되지만 지극히 모호한 개념이기도 하다.

나는 빈곤이 무엇인가에 대해 이야기하지 않을 것이다. 나는 빈곤에 대한 정의보다도 누가 빈곤한 사람으로 여겨지고 지목되는지에 대해 다루고 싶다.

자, 여러분들에게 질문을 하겠다.

"누가 빈곤한가?" 다시 말해서 "빈곤한 사람들은 누구인가?"

내가 학생들에게 이 질문을 한 적이 있는데 다양한 대답이 나왔다. "부모가 없는 아이들이요." "연로하신 노인 분들이요." "장애인이요." "미혼모요." "직장이 없는 사람들이요."

학생들이 대답한 고아, 고령의 노인, 장애인, 미혼모 그리고 실직자……. 이들은 우리 사회의 취약계층이다. 이들이 다른 사람들보다 분명 빈곤에 처할 위험이 높은 것이 사실이다. 하지만 그렇다고 이들이 빈곤한 사람들일까?

빈곤의 정의가 모호하고 어려운 것처럼 언제부터 빈곤한 사람들이 있었는지 역시 단정 짓기 힘들다. 가난은 언제나 우리 주변에 있었다. 그래서 '빈곤의 역사'를 '인류의 역사'라 말하는 이들도 있다.

하지만 역사 속에서 빈곤은 항상 같은 모습으로 존재하지 않았다.

즉 시대에 따라 빈곤을 인식하는 사람들의 시각은 같지 않았다. 특히 자본주의 출현 이후 빈곤은 그 전과 전혀 다른 모습을 보이게 된다. 빈곤의 양상은 이전 사회에 비해 양적으로 엄청나게 확대되었고, 무엇보다 '사회적 낙인'으로서 빈곤의 문제가 심각해졌다. 빈곤함은 심지어 '사회악'이라고 칭해지기도 했다.

잠시 이야기의 장을 16세기부터 19세기까지 영국의 상황으로 옮겨보고자 한다. 이 당시 영국은 산업혁명으로 인한 자본주의의 격변 속에 사회가 크게 요동치던 시기였다. 그 변화의 정도가 얼마나 심했는지 후대 사람들이 '혁명'이라고 칭했을 정도다. 16세기에 태동하기 시작한 영국 자본주의는 기존의 생산양식에 일대 변혁을 가져왔는데, 이는 많은 사람들의 삶에 직접적인 영향을 주게 된다. 농사를 짓던 많은 이들이 땅을 잃고 일자리를 잃고 일거리를 찾기 위해 정처 없이 떠도는 삶을 살게 된다. 일명 '부랑자浮浪者'(떠도는 사람들) 집단이 증가하기 시작했는데 이 용어는 당시의 시대가 만들어 낸 신조어였다.

빈곤한 사람들 혹은 부랑자라 일컫는 사람들의 수가 기하급수적으로 증가하자 영국은 이들을 효과적으로 관리하기 위해 빈민을 대상으로 하는 최초의 정책을 만든다. 그것이 바로 '엘리자베스 빈민법'(1601년)이다. 빈곤의 증가를 사회적 문제로 인식하고 이를 해결하기 위해 정부가 만든 최초의 정책이 바로 엘리자베스 빈민법이었다.

하지만 이 시대의 정부가 인식한 빈곤은 절대적으로 개인의 책임이었다. 즉 빈곤이 나타나는 이유는 사람들이 나태하고 게으르며 불결하고 무지하기 때문이라 생각한 것이다. 그래서 빈곤은 개인의 결함에서 나오고 더 나아가 '죄악'이라고까지 여겨졌다. 그래서 국가의 관리들은 이들을 통제해야 한다고 생각했다. 실제로 빈곤한 사람들을 관리하던 곳이 있었는데, 이곳에 감금된 사람들은 강제 노역을 피할 수 없었고 도망가는 사람들은 붙잡혀 이마나 볼에 인두로 낙인이 찍히기도 했다.

이 시대 빈곤은 강력한 통제의 대상이었고, 정부는 빈곤을 없애기 위해 가혹하고도 엄격한 조치를 취하게 된다. 즉 빈곤한 사람들에게 수치스럽게 여길 만한 낙인을 주면 개인들이 알아서 빈곤에서 벗어나기 위해 노력할 것이라 생각한 것이다. 이 당시 정부가 인플레이션이나 대량실업과 같은 경기 변동의 원인에 대해 이해했을 리가 없다. 당연히 빈곤은 줄어들지 않고 오히려 증가했다. 이는 정책의 실패를 의미하는 것이었다. 하지만 엘리자베스 빈민 정책은 향후 300년이 넘게 지속된다.

이러한 빈민법이 폐지된 것은 2차 세계대전 이후 온 유럽이 전쟁의 폐허 위에서 암울한 시기를 보내고 있었던 때였다. 영국 역시 대부분의 도시는 폐허가 되었으며, 더 이상 희망이라는 것이 보이지 않았다. 그때 영국 복지국가의 청사진이라 일컬어지는 '베버리지 보고서'(1942년)가 출간되었다.

그 유명한 '요람에서 무덤까지'라 불리는 영국 사회보장제도의 토대가 되었던 보고서가 세상에 등장한 것이다.

베버리지 보고서는 보편주의와 국민의 최저생활 보장을 목표로 하는 사회보장 정책을 주장하는데, 온 국민을 대상으로 하는 국민 의료 서비스, 연금제도, 실업급여, 가족수당, 완전고용, 의무교육 등을 주요 골자로 하고 있었다. 물론 현재 우리에게는 익숙한 정책들이지만 당시 정부 각료들에게는 너무나 혁명적인 내용이어서 반대에 부딪히기도 했다. 하지만 베버리지 보고서에 대한 시민들의 반응은 대단한 것이었는데, 당시 베버리지 보고서를 하늘에서 내려온

■■■ 스웨덴의 역사가 묻어나는 도시
감라스탄Gamla stan의 풍경.

선물로 여겼을 정도니 그 인기는 상상을 초월했다.

인류 역사상 가장 참혹한 전쟁으로 기록되었던 그 시기에 영국은 복지국가를 향한 첫 발걸음을 내딛게 된 것이다. 그리고 역설적이게도 빈곤에 대한 인식의 대전환이 바로 이 시기에 일어나게 된다. 빈곤은 개인의 책임이 아니라 사회구조적 모순에 의해 누구든지 처할 수 있는 상태라는 것을 영국 시민 대다수가 경험했고, 그 이후에는 곧바로 빈곤을 향한 가혹했던 역사가 변화하게 된다.

다시 이야기를 우리나라로 돌려보자. 우리나라에서 빈곤에 대한 정책은 어떻게 만들어지고 변화되었을까?

빈민에 대한 근대적 정책의 시작은 박정희 정부 시대 도입된 '1961년 생활보호제도'로 볼 수 있다. 당시의 생활보호제도는 빈곤한 자들을 위한 공공부조의 성격을 갖고 있는 유일한 제도였지만, 이 제도가 가진 빈곤에 대한 인식은 18세기에서 19세기 영국의 그것과 다를 바가 없었다. 기본적으로 빈곤을 개인과 가족의 책임으로 두고 있었고 개인의 빈곤은 알아서 해결해야 하는 문제였다. 그렇기 때문에 급여 대상자의 선정 기준이 상당히 까다로웠으며, 정책은 시혜적인 성격을 강하게 띠고 있었다. 생활보호 대상자는 개인과 가족의 무능함을 철저하게 증명해야만 했고, 이러한 과정은 그들에게 수치심을 안겨 주었다.

하지만 이러한 생활보호제도가 크게 변화하는 시기를 맞는데 바로 단군 이래 최대의 경제위기라 불렸던 'IMF 경제위기'였다. 1997년 외환위기 이후 출범한 김대중 정부는 기존의 생활보장법을 대체할 만한 새로운 공공부조 정책을 시행하는데, 바로 현재의 국민기초생활보장법(1999년)이 그것이다.

국가 부도 사태 앞에서 우리 사회는 대량실업과 다양한 사회적 문제를 경험하게 된다. 누구든지 빈곤을 경험할 수 있다는 것을 몸소 체험하면서 '빈곤한 사람은 무능하다'거나 '빈곤은 개인의 책임이다'라는 인식에 변화가 생기기 시작했다. 하루아침에 직장이 없어진 사람들이 즐비했고, 자영업자들과 기업들의 부도 소식은 봇물 터지듯 매일 들려왔다. 살길이 막막한 가장이 극단적으로 가족 자살을 선택했다는 소식은 많은 이들의 가슴을 아프게 만들었다. 또한 이 시기 거리를 배회하는 '노숙자露宿者'라는 용어가 등장하기도 했다. 외환위기는 우리의 많은 것을 무너뜨렸다. 많은 가장들이 직장을 잃는 동시에 가정들이 해체되었으며, 수많은 빈곤 인구가 양산되었다.

하지만 외환위기로 가장 힘든 시간을 보내야 했던 이 시기를 한국의 복지국가 시작점으로 보는 학자들이 많다는 것은 또 어떻게 설명해야 할까?

이 또한 역사의 역설인가?

실제로 한국의 복지국가 시작점을 외환위기 이후 바로 김대중 정부로 보는 시각이 상당히 우세하다. 이 시기 우리나라의 사회정책은 많은 변화를 겪게 되는데 앞에서 말한 국민기초생활보장법의 시행, 건강보험의 통합 그리고 국민연금의 확대 등 주요 사회보험의 기틀이 이 시기에 만들어진다. 특히 시혜적인 성격의 생활보장법을 폐지하고 근로 능력의 유무에 관계 없이 모든 시민을 대상으로 최저소득 보장을 목적으로 하는 국민기초생활보장법의 시행은 우리나라의 빈곤정책 역사에 획기적인 사건이었다. 물론 현재 우리나라의 국민기초생활보장법은 여러 문제점을 보이고 있으며 시행착오를 거치고 있는 것이 사실이다. 하지만 이 제도의 도입과 시행은 우리 사회에서 빈곤에 대한 인식과 대응의 변화를 의미한다.

"역사는 반복된다"고 했다.

영국과 우리나라의 이야기를 통해 시대가 다르고 국가가 다르지만 빈곤에 대한 인식과 그 변화의 시기에서 우리는 비슷한 점을 발견할 수 있었다. 비단 두 국가만의 이야기는 아닐 것이다. 빈곤에 대해 역사는 그리 관대하지 않았다. 하지만 전쟁을 통해서든 경제적 위기 상황을 통해서든 그 사회는 시대적 아픔을 통해 성숙했으며, 빈곤 또는 가난에 대해 보다 구조적이고 본질적인 원인을 바라보는 시각을 가질 수 있었다. 그리고 이러한 시각은 정책의 변화에 반영되기에 이르렀다.

물론 빈곤에 대한 인식이 바뀌었다고 해서 빈곤이 아주 없어진 것은 아니다. 오히려 빈곤의 양상이 더 증가했다고 주장하는 사람들이 많다. 이는 사실이다. 그리고 이러한 사실은 빈곤이 또 다른 모습으로 우리에게 나타나고 있다는 것을 의미한다.

기억하는가? 역사 속의 빈곤은 항상 같은 모습으로 존재하지 않았다는 사실을.

이는 우리에게 역사적 인식의 변화가 일어났음을 의미하는 말이기도 하다. 현재 우리 사회의 빈곤의 모습은 IMF 경제위기 때와는 다른 모습을 보여주고 있다.

청년실업, 근로빈곤, 양극화…….

이러한 용어들이 현재 우리 사회의 빈곤을 설명하는 용어들이다. 청년들이 일자리가 없어 빈곤의 위험에 노출되어 있으며, 일을 하는데도 불구하고 빈곤의 덫에서 헤어나올 수 없는 근로 빈곤층이 전체 빈곤층의 36퍼센트를 넘었다.

우리는 또 다른 도전에 직면해 있다. 새로운 빈곤의 모습에 대응하기 위해 우리가 무엇을 해야 할 것인가? 변화할 것인가 아니면 기존의 것을 고수할 것인가?

자, 여러분들에게 다시 질문을 하겠다.

"우리 시대의 빈곤한 사람들은 누구인가?"

정책을 우리 편으로 만드는 방법
영국의 빈민법과 독일의 사회보험

사회복지정책의 역사에서 중요한 의미를 지닌 정책을 꼽으라면 무엇이라 할 수 있을까?

대답하기 쉽지 않을 것 같다. 아마 각자의 시각과 이유에 따라 다양한 대답들이 나올 것이다. 나는 두 가지를 꼽을 것이다. 바로 '영국의 엘리자베스 빈민법'(1601년)과 '독일의 사회보험'(1883년)이다.

내가 이 두 제도를 꼽는 이유는 긴 시간 존재해왔지만 사라져버린 정책과 시민의 지지를 받고 계속 유지되는 정책을 역사 안에서 대조적으로 보여주기 때문이다.

빈곤에 대한 최초의 정부 개입 혹은 유럽 사회복지정책 역사의 시작이라 일컬어지는 엘리자베스 빈민법은 영국의 엘리자베스 여왕이 통치하면서 생겨난 빈민에 대한 정책이었다. 하지만 이 정책은 애석하게도 빈민을 위한 정책이 전혀 아니었다. 오히려 빈민을 통제하고 억압하는 수단으로 사용된 정책이었다.

"나태한 자들은 누더기를 걸쳐야 한다. 일을 하지 않는 자는 먹어
서는 안 된다."

_존 벨러스John Bellers(영국의 교육 이론가)

엘리자베스 빈민법은 빈곤의 원인과 빈민에 대한 원조에 관심을
두기보다 빈민을 향한 도덕적 잣대, 즉 개인의 나태와 게으름에 초
점을 둔다. 이 정책은 도와줄 이유가 있는 빈민(노동능력이 없는 빈민,
예를 들어 노인, 아동, 질병이 있는 자들)과 도와줄 필요가 없고 강력하게
통제해야 하는 빈민(이들이 보기에 노동능력이 있는데 빈곤한 자)을 구별
하는 데 온 힘을 기울였다.

현대 공공부조의 시작이라 할 수 있는 엘리자베스 빈민법은 빈민
에 대한 가혹한 억압의 시작이었다. 엘리자베스 빈민법은 300년이
넘게 영국의 대표적인 공공부조 정책으로 지속되었고, 2차 세계대
전 이후 1948년 현대적 국민부조법이 도입되고 나서야 역사 속으
로 사라지게 된다.

1948년 국민부조법은 "지금까지의 빈민법은 그 효력을 상실한
다"라고 선언함으로써 빈민법 시대의 막을 내린다. 기나긴 시간 동
안 빈민에 대한 통제와 비인간적인 처우를 담당했던 엘리자베스 빈
민법이 우리에게 주는 의미는 무엇일까?

정책이 처음부터 시민의 편이 아니었다는 것이다. 그리고 아무리 시간이 지나도 시민의 편이 될 수 없는 정책도 있다는 사실이다.

17세기 초에 만들어진 빈민법은 300년이 넘는 기나긴 세월동안 많은 수정을 거쳐왔던 것이 사실이다. 하지만 엘리자베스 빈민법은 태생적으로 빈곤에 대한 잘못된 관점을 갖고 있었다. 엘리자베스 빈민법은 그 시작부터 당시 귀족과 지배계급의 빈민에 대한 관점을 그대로 재현한 정책이었고, 이 정책의 목표는 빈민의 처벌과 억제였다. 그리고 이러한 정책의 의도는 세월이 지나도 변하지 않았다. 빈민법이 빈민의 삶을 개선하기 위한 정책이 될 수 없다는 것은 그것이 지닌 가치와 철학만 살펴봐도 충분히 알 수 있는 것이었다.

시민의 삶에 대해 혹은 빈곤에 대해 이중적 태도를 유지했던 빈민법은 아무리 수정과 변화를 거쳐도 제도 본연의 가치마저 바꿀 수 없었고 이는 이 정책이 절대 시민의 편에 설 수 없음을 의미했다. 시민의 편에 서지 못한 이 정책은 완전히 사라져버리게 된다.

이처럼 처음부터 시민을 억압하기 위한 수단으로 사용된 정책도 있지만, 시민을 위한 것으로 설계됐으나 처음에는 외면을 받았던 정책도 있다. 바로 독일의 사회보험에 대한 이야기다.

현대 복지국가 사회보장의 주요한 정책으로 자리매김한 사회보험제도는 독일에서 탄생했다. 19세기 말 당시 가장 선진적인 자본주의 국가였던 영국이 아니라 산업화가 가장 늦었던 독일에서 사회보험이 먼저 생겨난 것은 뜻밖의 사건이었다. 왜냐하면 사회보험은 자본주의 생산양식에서 나타날 수 있는 사회적 위험들(산업 재해, 실업, 질병, 정년퇴직)에 대한 대응책이었고, 특히 노동자를 주된 대상자로 하는 제도였기 때문에 당시 가장 산업화 진행 속도가 빠른 영국에서 사회보험의 도입 개연성이 높았기 때문이다. 하지만 사회보험은 영국이 아닌 독일에서 먼저 도입하게 되었다.

그렇다면 왜 독일에서 사회보험이 탄생하게 되었을까?

당시 독일은 뒤늦은 산업화 속도를 만회하기 위해 급속하게 공장을 짓고 기계를 돌리는 상황이었다. 이 과정에서 노동자계급이 급격하게 성장했지만, 다른 국가들과 마찬가지로 노동자의 삶은 매우 열악했다.

당시 독일 노동자들의 삶을 잠시 들여다보면, 1860년대에서 1870년대 공장 노동자의 주당 노동시간은 78시간이었다. 여성노동자의 경우 같은 일을 하고도 남성에 비해 절반에 해당하는 임금을 받았다. 무엇보다 심각했던 것은 아동도 이러한 노동의 희생자였다는 사실이다. 당시 8세에서 10세 아동은 하루에 10시간에서 14시간의 노동을 견뎌야만 했다. 지금으로서는 상상조차 하기 어려운 현실이 그 당시 노동자들의 삶이었다.

이러한 상황에서 자본주의의 부조리를 비판했던 사회주의 이념은 노동자들에게 상당히 큰 영향을 주었고, 독일은 1870년대 이후

30여 년간 유럽에서 가장 강력한 사회주의 운동이 발생한 곳이 된다. 더 나아가 노동자들은 자신들의 이해를 대변해 줄 정당을 탄생시키는데 그것이 바로 현재 독일의 사회민주당이다.

산업화와 노동자계급의 성장, 사회주의 확대 등의 배경과 더불어 이 당시 독일의 사회보험 도입에 영향을 준 인물이 바로 비스마르크Otto von Bismarck였다.

그는 독일의 통일에 아주 중요한 역할을 한 인물이었으며, 재상이 된 이후 독일 민족의 내부적 통일과 다른 국가들보다 뒤쳐진 경제 부흥을 두고 고심한 인물이었다. 내부적 통일과 함께 강력한 독일을 원했던 그의 정치권력에 위협이 되는 세력들이 있었는데 바로 자본주의로 인해 새롭게 생겨난 신흥 자본가계급과 노동자계급 그리고 사회주의자들이었다.

당시 재상이었던 비스마르크가 이러한 정치적 어려움을 해결할 수 있는 방안으로 내놓은 것이 바로 '사회보험'이었다. 노동자에게 힘을 실어주는 정책을 도입함으로써 신흥 자본가들의 정치력을 견제하고, 동시에 사회주의 사상의 확대를 저지하며 노동자계급을 국가에 복종시키기 위한 회유책으로 사회보험을 고안하게 된 것이다.

독일의 사회보험 도입은 비스마르크의 고도의 정치적 계산이 포함되어 있던 것이 사실이지만, 사회보험의 필요성이나 노동자 보호의 정당성에 대한 공감대가 그 당시 광범위하게 형성되어 있던 것도 주요한 요인이었다.

여러 가지 정치적 이해관계가 복잡하게 얽혀 있었던 독일의 사회보험은 1883년 의료보험, 1884년 산재보험 순으로 도입된다. 세계 최초의 사회보험이 탄생하는 순간이었다. 독일의 사회보험은 이후 19세기와 20세기에 걸쳐 유럽의 사회보험 성립과 확대에 역사적 중요성을 갖게 된다. 하지만 이러한 역사적 의미와는 다르게 독일의 사회보험은 당시 독일 노동자들에게 큰 호응을 받지 못했다. 아니, 그들은 오히려 제도의 도입을 반대하기도 했다.

왜 노동자들은 자신에게 유리한 사회보험에 호의적인 반응을 보이지 않았을까? 사회보험이 노동자들의 이해를 대변하고 있음에도 왜 이들은 제도에 그리 호의적이지 않았던 것일까?

우선 가장 큰 이유는 당시 노동자들이 사회보험 도입에 깔려 있는 비스마르크의 정치적 의도를 정확하게 간파하고 있었기 때문이다. 그들은 비스마르크가 사회보험을 빌미로 자신들을 통제하고 회유할 것이라는 사실을 알았다.

하지만 당시 노동자들이 사회보험 정책을 거부했던 가장 큰 이유는 이 정책에 대한 경험이 전무했기 때문이다. 이들에게 노동자들을 위한 사회보험은 역사상 처음으로 경험해보는 것이었다. 그것도 정부가 나서서 노동자들을 위한 정책을 제안한 것이다. 당시 노동자들이 경험했던 정책은 권력층의 시민을 향한 통제와 억압의 수단일 뿐이었다.

따라서 당시 노동자들에게 사회보험이 빈곤의 원인을 제도적으로 제거해주며, 노동자의 법적 권리를 확보해준다는 것은 납득하기 어려운 것이었다. 하지만 시간이 지남에 따라 노동자들은 이 제도가 본인에게 이익이 된다는 것을 이해하고, 사회보험의 확충과 제도 개선에 적극적인 요구와 참여를 하게 된다.

그리고 현재 사회보험은 노동자들에게 그리고 대다수의 시민들에게 안정된 삶을 제공하기 위해 필요한 가장 중요한 정책으로 자리 잡았다.

전혀 변할 수 없을 것 같았던 빈곤한 노동자의 삶이 정책에 의해 변화되는 순간이었으며, 드디어 정책이 시민의 편에 서게 되는 순간이었다.

영국의 엘리자베스 빈민법과 독일의 사회보험을 통해 우리는 무엇을 배울 수 있을까?

정책은 처음부터 시민의 편이 아니었다. 아니 오히려 그 반대였다. 하지만 시간이 지남에 따라 정책은 시민의 편에 설 수 있게 되었다. 그 과정에서 우리가 기억해야 할 것은, 정책을 이해하고 지지하거나 거부하는 것은 전적으로 우리의 몫이라는 사실이다.

정책이 갖고 있는 가치와 목표를 이해하고 그 정당성에 동의한다면 우리는 기꺼이 그 정책을 우리 편으로 만들기 위해 노력해야 한다.

만약 정책적 목표와 가치가 보편적 시민 정신에 위배되고 차별적이며 시민의 권리를 위협한다면 우리는 그러한 정책을 단호하게 거부해야 한다. 더 이상 정책으로서 효력을 발휘하지 못하게 만들어야 한다.

그리고 이 역시 우리의 몫이다.

복지는 사회적 위기 속에서 나온다
1932년 스웨덴의 선택과 2017년 우리의 선택

좀 지난 이야기다.

딸아이를 데리러 학교에 갔다. 여느 때처럼 신나게 운동장에서 뛰어 놀고 있겠다 싶어 학교 운동장으로 갔는데 아이가 영 보이지 않는 거다. 이상하다 싶어 학교 건물 쪽으로 갔는데, 아이가 학교 입구 쪽 구석에 웅크리고 앉아 있었다. 그런 아이의 모습에 혹시 친구들과 싸웠나, 학교에서 무슨 일이 있었나 걱정이 앞섰다. 아이의 이름을 부르자, 아이는 나를 발견하고 뛰어왔다.

역시 무슨 일이 있었나 보다. 표정이 안 좋다.

"학교에서 무슨 일 있었어?"

그런데 아이의 대답은 내가 전혀 예상치도 못한 것이었다.

"엄마, 우리나라 대통령이 부패한 대통령이에요? 나쁜 대통령이에요?"

도대체 얘가 무슨 말을 하는 것인가? 당시 한국은 대통령 측근의 비리와 부패로 온 나라가 떠들썩한 상태였다. 하지만 스웨덴에 있는 아이가 그 소식을 알 리가 만무했다.

아이의 말은 이러했다.

당시 아이는 학교에서 국가의 성립과 다양한 국가 유형에 대해 배우고 있었다. 그리고 민주주의에 대해서도 배우고 있는 중이었다. 수업 시간에 민주주의로 대통령 선출이 되었지만, 정부의 부패로 시민들이 시위하고 있는 국가들을 영상이나 사진 자료로 보여준 듯했다. 그 영상 안에는 여러 국가들이 있었다. 그런데 딸은 예상치도 못하게 거기서 대한민국을 보았던 것이다. 아이는 왜 저런 나라들 틈에 우리나라가 껴 있는지 이해할 수 없었고, 아이는 그 부분에 대해 항의하고 싶었지만, 언어 소통에 어려움이 많았던 우리 딸은 항의를 할 수 없었다.

아이는 상당히 억울해하고 있었다. 그래서 방과 후 놀이 시간에 놀지도 않고, 엄마 아빠를 기다린 것이다. 어서 엄마와 아빠를 만나 이 부당함을 알려야 한다고 생각한 것 같았다. 딸아이는 정부가 부패한 나라 중 하나로 한국이 소개된 것에 대해 학교 측에 항의해주기를 바라고 있었다.

당시 우리 부부는 매일 뉴스와 기사를 통해 한국의 소식을 듣고 있었지만, 아이에게는 현재 한국에서 어떠한 일들이 일어나고 있는

지 자세한 설명을 해주지 않았다. 물론 설명을 해줘야 했지만, 솔직히 어른인 우리 역시 그 상황을 어떻게 정리하고 받아들여야 할지 어렵기는 마찬가지였다. 어떻게 현직 대통령이 저렇게 이해가 되지 않는 행위를 했단 말인가. 하루에 하나씩 벗겨지는 비리를 듣는 것은 정말이지 고역에 가까웠다.

우리는 아이에게 그동안 한국에서 일어났던 일들을 되도록 아이가 알아듣기 쉽게 설명을 해주었다. 하지만 과연 아이가 이 상황을 어떻게 받아들일지 말하는 내내 의구심을 떨칠 수 없었다.

내 이야기를 듣고 있던 아이는 혼란스러운 표정으로 물었다.

"엄마, 그 박근혜 대통령을 우리나라 사람들이 뽑은 거잖아요?"

"응. 맞아. 선거를 통해 우리가 뽑았단다."

"왜 어른들은 그런 나쁜 사람을 대통령으로 뽑았어요?"

현재 왜 이런 상황이 되었는지를 설명하는 것보다 더 어려운 질문이었다.

하지만 내가 뽑은 대통령이 아니라고 해서 지금 나는 이러한 상황에서 자유로울 수 있을까?

많은 사람들이 스웨덴 복지국가의 시작은 사민당이 정권을 잡았던 1932년부터라고 이야기한다. 물론 그 이전으로 보거나 더 이후로 보는 시각도 있지만, 현재 스웨덴 복지국가의 기초가 사민당과 함께 세워졌다는 것에는 특별한 이견이 없는 듯하다. 물론 사민당

혼자만의 힘으로 복지국가가 만들어졌다는 것은 아니다. 스웨덴의 정책 역사를 보면, 보편적인 정책 중에서도 아동수당이나 양성평등 정책의 대명사인 부모휴가 정책 등은 보수정권 하에 도입되었다. 그럼에도 불구하고 사민당의 장기집권(40여 년간) 속에서 현재 스웨덴식 복지국가의 초석이 다져지고 발전이 이뤄졌다는 것은 분명하다.

　1889년 만들어진 사민당은 노동계급의 정치 실현을 과제로 삼은 노동자들의 정당이었다. 물론 지금은 집권당이고 가장 지지층이 많은 정당이지만, 처음에 사민당은 지극히 소수 정당에 불과했다. 당시 스웨덴은 20세기 중엽까지도 농업이 주요한 산업이었고, 1940년대에 이르러서야 1차 산업 종사자와 2차 산업 종사자의 수가 동일하게 된다. 스웨덴은 이미 산업화가 이루어지고 있던 영국이나 독일에 비해 거의 1세기가량 늦게(19세기) 산업화가 이루어진 국가였다. 물론 산업화가 느린 만큼 노동자계급 수의 증가 역시 느렸다. 하지만 이러한 스웨덴에서 노동자정당인 사민당의 창설이 영국과 다른 국가들에 비해 빨랐다는 것은 이례적이라 할 수 있다. 이들의 주요 지지 계급인 노동자는 20세기 중엽까지 느리게 성장했으며, 이때까지 스웨덴 정치에서 중요한 역할을 한 사람은 노동자라기보다 농민들이었다.

　사민당은 창당 이후 꾸준히 성장한다. 하지만 노동자들의 지지만으로 정당의 외연을 넓힐 수 없었다. 사민당은 고민에 빠지게 된다. 당의 이념을 지키기 위해 노동자당이라는 색깔을 강하게 유지할 것인가 아니면 노동계급을 포함한 대중을 위한 정당으로 자신들의 정책 색깔을 넓힐 것인가.

이러한 고민에서 나온 것이 바로 '국민의 집Folkhemmet'이다.

1928년 사민당 당수였던 페르 알빈 한손Per Albin Hansson은 노동자뿐 아니라 대중적 지지를 얻기 위한 정당으로 발돋움하고자 새로운 정책 모델을 제시한다.

사실 국민의 집은 1890년대 우파가 빈민 구제를 위한 목적으로 내세운 정치적 어젠다였다. 하지만 사민당은 우파가 사용한 '국민의 집'을 계급 간 갈등으로 치닫고 있던 스웨덴 사회를 통합하기 위한 수단으로 적극 차용하게 된다.

"좋은 사회란 좋은 가정과 같은 기능을 하는 사회이다. 좋은 가정에는 평등, 배려, 협동, 도움이 넘친다."

한손은 당시 스웨덴 사회가 지닌 여러 가지 사회경제적 결함이 시민들을 기득권을 갖고 있는 자와 착취당하는 자, 부자와 빈자, 자산가와 무자산가, 약탈자와 피약탈자로 나누고 있다고 진단하며, 생계의 불안정과 양극화 그리고 실업의 위험은 비단 노동자계급만의 문제가 아니라 중간계급도 처할 수 있는 현실이라고 주장했다. 그는 좋은 가정 안에서 우애와 평등이 넘치듯, 좋은 사회 역시 우애와 평등이 기본이 되어야 한다는 것을 강조했다. 가정 안에서 누가

■ 스웨덴의 국회의사당 전경과 내부의
모습.

아프거나 다치면 다른 가족들은 연약한 구성원을 보살피고 그가 건강을 되찾을 수 있도록 돕는다. 좋은 사회 역시 이러한 기능을 해야 한다. 가진 자와 못 가진 자, 빼앗는 자와 박탈당한 자로 나뉘어 차별과 갈등이 증폭되는 사회는 더 이상 좋은 사회라 할 수 없으며, 국가는 이러한 부정의와 차별 그리고 착취로부터 시민을 보호하는 것이라 한손은 주장했다.

1920년대에서 1930년대까지 스웨덴 노동자의 삶은 극도로 빈곤했다. 아무리 오래 일한다 한들 그들의 살림살이는 절대 나아질 기미가 보이지 않았다. 당시 스웨덴에서는 노동파업이 빈번하게 이루어지고, 노조와 사측의 대립이 극으로 치달았다. 대공황의 여파로 국가의 경제사정은 나빴으며, 노동자들의 근무 여건은 거의 노예 계약이라고 할 수 있을 정도로 열악한 수준이었다. 이러한 삶의 위협은 비단 노동자계급만의 것은 아니었다. 계속되는 경기 침체와 사회적 갈등 안에서 중산층의 삶 역시 불안정하기는 매한가지였다. 이러한 상황에서 사회적 문제에 대한 국가의 적극적 개입과 정의를 바탕으로 한 민주주의 그리고 평등하고 가족적인 우애를 강조하는 한손의 '국민의 집'은 불안정한 삶을 하루하루 지탱하고 있었던 스웨덴 시민들에게 강력한 호소력을 지니게 된다.

하지만 1928년 당시만 해도 한손의 국민의 집이 구체적인 정책으로 제시된 것은 아니었다. 국민의 집은 사민당이 지향하고자 하는 정치적 어젠다에 불과했다. 당시 스웨덴 집권 정당은 중도 보수

성향이었고, 한손의 국민의 집은 1928년 선거의 패배 이후 사민당이 변화를 위해 내세우는 슬로건에 불과했다.

그러던 1931년 5월 14일 스웨덴 북부의 작은 마을 오달렌Ådalen에서 파업 행진을 하는 노동자들에게 군대가 총을 발포하는 사건이 발생하게 된다. 당시 마을 제재소에서 일하던 노동자는 노예 계약이나 다름없는 근로 계약과 낮은 임금으로 파업과 시위를 벌이고, 사측은 제재소를 폐쇄하며 노동자와 극한 대립을 하고 있는 상황이었다. 깃발을 들고 북을 치며 행진하던 시위대를 향해 말을 탄 경찰들이 군인들에게 발포 명령을 내렸다. 그리고 당시 총격으로 5명의 무고한 시민이 목숨을 잃었다. 오달렌 사건의 비극을 소재로 만든 영화 〈오달렌 31〉(1969년)을 보면, 오달렌이라는 작은 마을에 드리워졌던 실업이라는 생활고와 미래에 대한 암울함 그리고 총격으로 인한 시민들의 공포와 비극이 잘 드러나 있다. 그리고 이 사건은 스웨덴 전역에 충격을 주게 된다.

하지만 문제는 이 사건 이후였다. 이 사건을 바라보는 스웨덴 사회의 시각은 극명한 차이를 보이고 있었다.

정치적으로 좌파를 지지하는 신문과 정당은 오달렌 총격사건을 '살인'으로 규정하고, 당시 발포를 명령한 경찰을 맹렬하게 비판한다. 반면 당시 우파 정부와 우파 시시 신문들은 시위대의 분노의 무관한 시민들을 방어하기 위해 발포는 어쩔 수 없는 선택이었다고 주장한다. 사건의 처리는 시위대 그러니까 노동자 측에 불리하게 돌아가고 있었다. 당시 발포를 명령한 대위는 1심 법정에서는 유죄를 선고받았지만 이후 항소심과 대법원 판결에서 무죄가 선고되었으며, 당시 오달렌 지역 주지사 역시 무죄를 선고받는다. 반면 시위에 참석한 노동자들의 경우 가혹한 형벌을 받았는데, 당시 시위대 지도자로 주목된 노동자는 2년 반 동안의 강제 노동을 선고받았고, 부상을 당하거나 군대의 총격으로 사망한 5명의 노동자에게는 어떠한 손해 배상도 주어지지 않았다.

작은 마을 오달렌에서 일어난 사건은 경찰의 과잉 진압과 시위대의 사망이라는 비극에서 끝나지 않았다. 이 사건을 수습하고 조사하는 과정에서 스웨덴은 당시 사회가 갖고 있는 극명한 대립의 지점(우파와 좌파, 자본가와 노동자)을 보여주고 있었다. 오달렌 사건은 이념의 전쟁으로 치달았고, 이러한 갈등의 간격은 좀처럼 좁혀질 것 같지 않았다. 그렇게 노동자들의 희생은 정치적 이념의 싸움 속에서 사라지는 듯했다.

하지만 갈등과 대립이 반복되었던 스웨덴은 그렇게 쉽게 침몰하지 않았다.

오달렌 사건은 사민당에게도 충격이었고, 사민당은 당시 보수정당의 대응을 강하게 비판했다. 하지만 양분되어 서로를 향한 끝없는 비판과 증오를 보이는 사회를 목격한 사민당은 이러한 갈등이 계속된다면 더 이상의 스웨덴은 존재할 수 없음을 깨닫게 된다. 오달

렌 사건으로 사민당 역시 당내 갈등을 겪었지만, 사민당은 당내 강경
파를 설득하고 결속력을 더욱 공고히 다졌다. 그리고 이듬해 선거에
서 좌파 정당인 사민당은 전통적으로 우파 성향이 강한 농민당(지금
의 중앙당)과 정책 연대를 함으로써 1932년 총선에서 승리를 한다.
계급 정당에서 국민의 정당으로 사민당이 일어서는 순간이었다.

그리고 한손이 제시한 국민의 집은 드디어 스웨덴 사회의 갈등과
모순을 해결하는 방법으로 그 구체성을 갖게 된다. 당시 스웨덴 사
람들은 이념적이고 계급적인 갈등이 첨예한 스웨덴을 바꾸고자 했
다. 국가의 공권력 앞에 무너져 내린 오달렌 사건을 목격하고 사건
의 처리 과정을 지켜보면서 스웨덴 시민들은 아마 '국가란 무엇인
가'를 생각했을지도 모른다. 그렇기 때문에 그들은 다 같이 잘 살 수
있는 '국민의 집'을 강력하게 지지했던 것이다.

1932년 선거를 시작으로 사민당은 1974년까지 40여 년간 장기
집권하며, 그들이 내세운 국민의 집은 현재의 스웨덴식 복지국가로
실현되었다. 사민당의 선거 승리는 예측되지 않은 것이었다. 하지
만 오달렌 사건으로 촉발된 대립은 당시 스웨덴 시민들에게 이 사
회가 더 이상 갈등만으로는 유지될 수 없다는 것을 강하게 각인시
켰을 것이다. 그리고 당시 시민들은 새로운 국가에 대한 기대를 갖
고 사민당을 선택했다.

노동자와 시민들은 그때의 선택이 지금의 복지국가의 초석을 만
들 거라는 사실을 알았을까? 또한 사민당 역시 본인들이 40년 넘게

장기집권을 하게 될 것이라 예상이라도 했을까? 몰랐을 것이다. 하지만 당시 스웨덴 사람들은 사회를 바꾸어야 한다는 강한 바람과 소망을 가지고 움직였을 것이다. 그리고 1932년 그들의 선택은 현재의 복지국가 스웨덴을 만들었다.

스웨덴에 있는 동안 한국에서는 참 여러 일들이 있었다.
촛불 시위, 대통령 탄핵, 새로운 대통령…….
촛불의 힘은 우리가 다 아는 바와 같이 부패한 대통령을 탄핵했고 새로운 대통령을 뽑았다.

하지만 이것이 촛불 운동의 성과는 될 수 있어도 최종 목표는 아니다. 그 당시 우리가 진정으로 바랐던 것은 부패하고 무능하기 그지없는 대통령을 탄핵시키는 것도, 새로운 대통령도 아니었다. 물론 원했다. 하지만 이러한 것들은 우리가 진정으로 바라는 것을 이루기 위한 과정이었다. 어쩌면 이 이야기는 무능한 대통령의 측근 비리에서 시작된 것은 아닐지도 모른다는 생각이 든다.

하버드 대학 교수의 강의를 담아 만든 책《정의란 무엇인가Justice: What's the Right Thing to Do?》가 베스트셀러가 되었던 그때, 마이클 샌델Michael J. Sandel 본인조차 한국에서 무슨 연유로 자신의 책이 베스트셀러가 되었는지 놀라워했던 바로 그때의 '정의'에 대한 열풍이 의미하는 것은 무엇이었을까? 물론 그 책이 가진 장점도 많지만, 그 책이 지닌 제목의 힘이 아니었을까?

어느 순간부터 이 사회에 정의正義, justice가 부재하고 있다고 우리 모두 느끼고 있던 것은 아닐까? 그 부재한 정의를 찾고자 우리는 미국의 어느 대학교 교수의 책에 그렇게 열광했던 것은 아닐까?

세월호가 그렇게 비참하고 허무하게 가라앉는 모습을 보면서, 정의와 가치가 사라진 땅에 사는 것이 얼마나 참혹한 결과를 가져오는지, '나만 잘 살면 그만이지'라고 생각했던 우리의 모습이 얼마나 처참한 결과를 가져왔는지 우리는 알았다. 그래서 우리는 바람이 불어도 꺼지지 않는 촛불을 만들기 위해 그 추운 겨울 그렇게 광장에 하나둘 모여 시대의 과업을 시작하기로 한 것은 아니었을까?

2017년 우리는 국가가 무엇인지에 대해 고민을 했고, 정의를 찾기 위해 행동에 옮겼으며, 그리고 선택을 했다. 2017년 우리가 한 선택이 과연 어떠한 결과를 가져올지 아직 우리는 알 수 없다. 하지만 우리가 잊지 말아야 할 것이 있다. 바로 선택만으로 끝이 아니라는 것이다. 선택을 했다고 그래서 새로운 정부가 들어섰다고 해서 모든 것이 완성될 수 없다.

1932년 이후 스웨덴이 어떠한 길을 걸어왔는가? 선택을 지키기 위한 일이 어쩌면 선택하는 순간보다 더 길고 어려운 과정이며 힘든 일일 수 있다.

2017년 우리에게는 정의로운 국가가 필요했다. 그래서 우리는 그 추운 겨울 촛불을 들었다.

그리고 우리는 역사를 바꾸었다.

하지만 이것이 끝은 아니다.

우리는 무엇이 국가이고, 어떤 시민이 되어야 하고, 그리고 어떻게 살아가고 싶은지에 대해 더 많은 이야기를 해야 한다.

그리고 우리는 우리 시대의 가치와 정의를 세워야 한다.

촛불의 이야기는 이제 시작이다.

돈으로 살 수 없는 가치

모든 것을 시장에 맡길 수 없는 이유

끝을 알 수 없는 하늘과 맑은 공기 그리고 노란 수선화가 만발하는 봄이 왔다. 이번 주부터 켜진 동네 공원 분수대에는 벌써부터 팬티만 입고 물놀이를 하는 동네 꼬맹이들과 강아지들로 북적이고, 그 근처 넓은 잔디밭에는 가족들, 친구들 또는 연인들이 삼삼오오 모여 햇볕을 즐기고 있다. 동네 공원은 나와 딸아이도 종종 나와서 책을 보는 곳이기도 하다. 돗자리를 펴고 누워서 하늘을 배경 삼아 책을 보고 있자면, 기분 좋은 바람 결에 어느새 잠이 온다. 나무 그늘 아래서 가져온 책을 머리에 괴고 졸고 있는데, 과자를 먹던 딸아이가 뭔가 발견한 듯 말을 한다.

"엄마! 여기에 앉아 있는 사람은 우리밖에 없어요."

"무슨 소리야, 이렇게 사람들이 많은데……."

"아니요, 엄마. 우리만 이쪽 편에 앉아 있고 다들 저편에 앉아 있잖아요. 이쪽에 자리를 펴고 있는 사람은 엄마랑 저뿐인 거 같아요."

아이의 말에 머리를 들어 공원을 쭉 돌아보니 정말 우리가 자리를 깔고 있는 곳의 반대편에만 사람들이 죄다 앉아 있는 것이 아닌가. 우리 동네 공원은 아주 큰 나무들이 양 옆으로 쭉 늘어서 있는데, 나무 그늘이 지는 반대편 그러니까 햇빛이 강하게 내리쬐는 쪽으로만 대부분의 사람들이 쭉 누워 있다. 오로지 나와 딸만 나무 그늘에 자리를 깔고 누워 있던 것이다.

웃음이 나온다. 돗자리 깔기 좋은 장소로 나는 나무 그늘을 선호하지만, 여기 사람들은 나무 그늘을 피해 자리를 잡으니 말이다. 시간이 지나면서 나무 그늘이 사라지고 햇빛이 점점 들어오면, 그늘 쪽으로 자리를 점점 옮기는 나와 달리 스웨덴 사람들은 그늘을 피해 자리를 옮긴다. 돗자리 펴는 자리를 선택하는 것에도 이렇게 차이가 나다니, 이렇게 사소한 것에도 살아온 환경에 따라 차이를 보이다니…….

본의 아니게 우리 모녀가 눈에 띄고 있지만, 나는 나무 그늘 아래 누워 나뭇잎 사이로 살랑살랑 비치는 하늘과 구름을 보는 것이 참 좋다.

한국이 초여름 날씨에 접어들 무렵, 스톡홀름에는 늦게서야 봄이 오고 있었다.

사회복지정책론 수업을 하면 수업 초반부에 항상 하는 수업이 있다. 바로 사회복지정책의 가치와 이데올로기다. 다소 다루기 어려

■ 스톡홀름 공원에서 그늘을 피해 앉아
있는 스웨덴 사람들.

울 수 있지만, 꼭 짚고 넘어가야 하고 아주 중요한 부분이기 때문에 항상 고민하며 수업을 준비한다.

사회복지정책의 가치에 대한 나의 수업은 다음과 같은 질문으로 시작한다.

"돈으로 살 수 없는 것이 무엇인가?"

가족, 사랑, 우정, 믿음, 생명, 젊음, 나이, 좋았던 기억, 부모님, 지식, 친구, 양심 등등……. 학생들의 답변은 다양하다.

나와 학생들은 이 모든 것을 열거하며, 자본주의 사회에서 돈의 위세가 그 어느 때보다 강력한 시대를 살아가고 있지만 그럼에도 돈으로 살 수 없는 것이 있다는 것과 왜 그러한지에 대해 이야기를 나눈다.

학생들이 돈으로 살 수 없는 것을 이야기하는 기준은 그들이 가진 가치가 무엇인지에 따라 달라진다. 우리는 어떤 상황을 바라볼 때 혹은 어떠한 행동을 해야 할 때 자신의 가치 판단에 따라 선택하고 행동한다고 이야기한다.

그렇다. 가치는 무엇을 생각하고 결정하고 행동에 옮기는 데 기준이 된다. 가치價値, value란 어떠한 사물이나 현상을 바라볼 때 그것을 해석하고 평가하여 의미를 부여하게 하는 사람들의 생각과 사고방식을 의미한다. 이러한 가치는 단순히 생각에만 머무는 것이 아니라 그 사물과 현상에 영향을 미치는 결정과 실천으로 이어지며 개인의 행동을 제약한다.

가치는 개인에게 선호의 의미로 다가오며 좋거나 나쁜 것 혹은 바람직하거나 그렇지 않은 것을 판단하는 데 아주 중요한 영향을 준다. 즉 우리의 행동과 선택은 우리가 가진 가치에 따라 좌우된다고 할 수 있다. 물론 이러한 가치는 개인에 따라 다를 수 있는 주관적인 것이다. 또한 가치는 영원불변한 것이 아니며 시대에 따라 다르다. 1800년대를 살아가는 개인의 가치와 2019년 현재를 살아가는 개인들의 가치는 사뭇 다를 것이다.

21세기를 살아가는 우리들에게 인간이란 '존엄성을 갖는 존재'다. '아이들은 보호받아야 한다'라는 가치에 대해 반대하는 사람은 아마도 거의 없을 것이다.

하지만 16세기나 17세기에도 그랬을까? 산업혁명 이전 시기의 농노와 빈곤한 사람들에게도 존엄성은 과연 있었을까?

19세기까지 아동 노동은 빈번하게 이루어졌다. 물론 현재도 아동 노동은 여러 국가들에서 이루어지고 있다. 하지만 그 외 많은 국가들은 아동을 적극적으로 보호하고 그들을 국가의 미래라 여긴다. '아동에 대한 보편적인 교육'과 '보호받을 권리'라는 관점이 생긴 것은 19세기 후반에 들면서부터였다.

이렇게 사물과 사회를 바라보는 우리의 생각과 사고는 변화되어 왔다. 또한 동시대에 살고 있더라도 정치적·경제적 또는 사회적 상황에 따라 가치는 변화하며, 가치에 영향을 주는 변인은 아주 다양하다. 그럼에도 불구하고 현재의 시점에서 같은 사회를 살아가는 많은 사람들이 일정 정도 비슷한 가치를 공유하는 것 역시 사실이다.

그렇다면 현재 우리 사회가 공유하는 우리의 가치는 무엇일까? 우리는 '인간은 누구나 존엄하다'고 생각하는가? 우리는 '아이들은 보호받고 잘 양육되어야 한다'고 생각하는가? 우리는 '돈보다 또는 어떠한 사상과 이념보다 인간의 생명과 안전이 우선한다'고 생각하는가?

위 질문에 대해 많은 사람들이 자신의 가치에 따라 대답을 할 것이다. 그리고 대부분은 인간이라면 누구나 존엄하고, 아이들은 보호를 받아야 하며, 돈 또는 어떠한 사상과 이념보다 인간의 생명과 안전이 우선한다고 대답할 것이다.

자, 그럼 또 다른 질문을 해보겠다.

"세월호에서 희생된 우리 아이들은 보호받아야 했고, 희생자(혹은 생존자)들의 생명과 안전에 대한 권리는 돈 또는 어떠한 정치적 사상과 이념보다 우선하는가?"

당신의 대답은 무엇인가?

세월호 사건이 있은 지 5년이 지났다.

2014년 4월 16일 있었던 세월호 침몰 사건은 탑승객 476명 중 172명 구조 304명 사망 또는 실종이라는 엄청난 인명피해를 낸 사건이었다. 세월호 침몰 사건은 수많은 인명피해가 있었다는 것 외에도 이 사건을 조사하는 과정에서 드러난 여러가지 비리와 불법 그리고 우리 사회 구조 시스템의 허점과 문제점을 여실하게 드러낸 사건이었다.

그런데 주목할 것은 세월호 사건을 조사하는 과정에서 사회적 갈등의 양상이 조장되고 증폭되었다는 것이다. 그리고 일부 갈등의 양상은 사건의 처리 과정에서 '보상의 문제'에 집중되었다는 것이다.

세월호 진상 조사가 한창이던 시점, 사건에 대한 원인이 미처 밝혀지기도 전에 일부 언론사를 중심으로 보상금 내역 혹은 보상금 액수에 대한 이야기들이 흘러나오기 시작했다. 물론 보상금의 문제는 아주 중요하다. 하지만 문제는 보상금을 두고 다른 인명사고와의 형평성(과연 우리 사회가 '형평성'이라는 개념에 대해서 어떠한 합의를 했는지조차 불분명하다)이라는 판단의 기준이 개입됐다는 것이다. 이제 세월호의 문제는 '형평성의 문제'로 돌변했고 이것은 사회적 갈등의 시작을 알렸다.

세월호의 형평성에 대한 논의는 주로 생존자와 희생자 유가족들에게 특혜(?)가 제공되어 공정하지 않다는 것이었다. 예를 들어 단원고 학생들의 대학교 입학 혹은 보상금이 이전의 대형사고(씨랜드, 삼풍백화점, 대구 지하철 사고 등)의 보상과는 다르게 그 수준이 높다는 것이었다(물론 아직 세월호는 진행 중인 사건이기 때문에 보상에 대해 언급하는 것 자체가 조심스럽다).

하지만 세월호를 어떻게 형평성의 문제로 바라볼 수 있을까? 일각에서 형평성의 근거로 내세운 씨랜드 화재사건 혹은 다른 사건의 희생자들의 보상에 대해 당시 정부는 무능하고 무관심했다. 여기서 문제는 이전의 대형 사고들에 대한 보상과 대책이 잘 이루어지지 않은 것이지, 이렇게 실패한 보상과 대처 기준을 향후 우리 사회에 있을(절대 있어서는 안되지만) 여러 대형 사고의 기준으로 삼아서는 안 된다는 것이다. 기존에 잘못했던 선례만을 기준으로 삼는다면, 그리고 그것을 기준 삼아 형평성을 논한다면 우리의 모든 삶의 수준과 기준을 하향 평준화하려는 것과 다를 바 없다.

앞에서 나는 가치는 주관적이며, 개인마다 다양하다고 이야기했다. 그리고 사람들은 자신이 갖고 있는 가치를 기준으로 삼아 판단을 내린다고 말했다. 하지만 이것이 모든 가치와 판단이 옳다는 이야기는 아니다. 가치가 시대와 사회에 따라 달라질 수 있다는 것은 우리가 갖고 있는 가치가 하나의 '사회적 생산물'일 수 있다는 것이지 무조건적으로 모든 가치를 옹호할 수 있다는 뜻은 아니다.

그럼에도 불구하고 우리가 꼭 지켜야 할 변하지 않는 가치가 있다.
바로 생명과 관련된 것이다.
우리 모두의 생명은 절대적으로 소중하다는 것이다.

나는 세월호 사건에 대한 우리 사회의 절망감과 자괴감이 우리가 갖고 있는 가치의 변화를 이끌어내기를 소망했다. 안타까운 우리 아이들의 죽음을 헛되게 하지 않기 위해 안전에 대한 대책, 사후 처리와 책임에 대한 분명하고 상식적인 해결 과정을 기대했다.

하지만 세월호를 바라보는 우리 사회의 시각은 분명하게 차이를 드러내고 있었다. 어쩌면 세월호 유가족 보상에 대한 논란은 그저 우리 사회가 갖고 있는 가치의 일면을 보여주는 단편적인 사건에 불과하다는 생각이 든다.

생명의 소중함 그리고 우리 아이들에 대한 안전한 사회의 구현. 이것은 형평성의 가치가 아닌 절대적인 가치로 판단해야 하는 것이다. 하지만 생명을 우선하는 절대적 가치 판단이 개입해야 하는 순간 형평성이라는 시장의 패러다임이 작동하기 시작했다.

세월호 사건에 시장의 패러다임이 적용되는 순간 이 문제는 돈의 문제가 되었으며, 생존자와 희생자 가족들은 보상에 목을 매는 존재로 전락했고, 심지어 자식의 목숨 값으로 특혜를 누리려고 한다는 말까지 나돌았다. 어느새 세월호 침몰 사건의 철저한 진상 규명과 향후 대책 마련에 대한 이야기는 뒷전이 되기 시작했다.

세월호 사건은 정치적 싸움의 장이 되어 버렸고, 정치적 계산에서 나온 형평성 논리에 의해 '돈'의 문제가 되어 버렸다. 세월호 진상 규명을 위해 세월호를 인양하는 과정에서도 '돈'의 문제는 여전히 등장한다. 어느 순간 우리 사회에서 소중한 '가치의 문제'가 돈의 계산을 따져야 하는 '시장의 문제'로 뒤바뀐 것이다.

정책도 마찬가지다. 우리는 정책의 효과성, 효율성을 명목으로 종종 정책의 적용과 원리에 시장의 메커니즘을 적용시킨다. 제한된 예산 안에서 정책을 도입해야 하는 정책 입안자들에게 정책의 효과성과 효율성은 중요하다. 솔직히 적은 예산으로 정책을 잘 설계해서 효과와 효율성이 극대화된다면 좋지 않겠는가?

하지만 우리가 신중해야 할 대목이 있다. 모든 것에 효과성과 효율성을 적용시킬 수 없다는 것이다. 그리고 정책은 우리 본연의 가치를 반영하고 지지하는 도구이기에 때로는 지키기도 해야 한다는 것이다.

10여 년 전 미국에서 저소득 아이들의 독서량을 늘리기 위해, 읽은 책 한 권당 몇 달러씩 아이들에게 돈을 주는 제도를 시행한 적이 있다. 그 효과성은 대단했다. 한 달에 책 한 권도 읽지 않는 아이들이 하루에 몇 권씩 책을 읽었다. 물론 얇은 책들이 많았지만, 여하튼 아이들의 독서량은 급증하기 시작했다. 시간이 지나고 제도 입안자들은 더 이상 아이들에게 읽은 책에 대한 보상을 하지 않기로 했다. 이들은 아이들이 이제 독서에 대한 습관이 들었고, 책을 읽는 재미를 알았을 것이라 생각한 것이다. 그 결과는 어땠을까?

읽은 책에 대한 보상을 하지 않는 순간, 아이들의 독서량은 예전으로 되돌아갔다.

이 정책은 왜 실패한 것일까? 왜 이 정책 입안자들은 아이들에게 돈을 주면 독서를 할 것이라 생각했을까? 물론 이 정책 입안자들은 아이들이 비록 처음에는 돈 때문에 책을 읽을지라도 시간이 지나면 책을 읽는 즐거움을 알 수 있으리라 생각했을 것이다. 하지만 결과는 그렇지 않았다.

책을 읽으며 즐거움을 느낀다는 것은 어쩌면 인간만이 할 수 있는 유희다. 독서는 그 자체의 가치와 즐거움이 있다. 하지만 이것에 시장의 가격이 매겨지는 순간, 독서의 즐거움은 단순히 돈을 모으는 즐거움으로 변질되고 만다. 이 정책은 책을 읽는 즐거움을 알게 하는 정책이 아니라 어떠한 책이든 읽은 책 수만 늘리면 돈을 많이 받을 수 있는 정책으로 어린 아이들에게 잘못된 메시지를 전달했던 것이다.

시장의 원리가 적용되는 사회에서 우리가 소중하다고 생각하는 것에 가격이 매겨지는 순간, 그것이 본연의 가치를 잃어버리는 경우를 우리는 종종 목격한다.

우리가 갖고 있는 가치의 기준을 '돈'으로 매기지는 말자. 모든 것을 다 돈으로 해결할 수는 없다. 이 사회가 지켜야 하고, 절대 어떠한 것과도 타협할 수 없는 가치는 분명 존재하며, 지금도 우리를 지켜주는 것은 바로 그러한 가치다. 문제의 본질을 흐려 놓는 거짓된 프레임에 절대 현혹되지 말자.

인간의 생명은 그 어떤 것보다 우선한다고 생각하는가?

다시 이 글의 첫머리로 돌아가자.

여러분이 생각하는 돈으로 살 수 없는 것이 무엇인가?

나는 '이타심'이라고 생각한다. 이타심, 배려, 긍휼, 자비 등으로 표현되는 남을 생각하고 도와주고 싶어 하는 마음. 혹은 남을 불쌍하게 여기는 마음.

우리에게는 이타심이 있나. 이것은 시장의 원리로 설명할 수 없는 것이며, 절대 돈으로 살 수 없는 것이다.

그리고 이것은 우리를 앞으로 나아가게 하는 원동력이다.

3장

누구나 아이를
키울 권리가 있다

육아

정책은 문화를 바꿀 수 있다

스웨덴에서 라테파파가 탄생한 이유

인천에 사는 형부에게 한 장의 사진이 도착했다. 바로 스웨덴 라테파파에 대한 기사와 사진이었다. 인천 형부는 이제 막 돌을 넘긴 예쁜 딸을 키우고 있다. 아장아장 걷기도 하며 엄마, 아빠를 보면 세상 어디에도 없는 환하고 선한 웃음을 짓는 아이를 키우면서, 어쩌면 형부는 부모휴가parental leave(우리나라에서는 육아휴직이라 부른다)를 사용해도 눈치 볼 필요 없는 스웨덴 라테파파의 일상이 부러웠는지 모르겠다.

인천 형부가 그렇게 부러워하는 스웨덴 라테파파(한 손에는 커피를, 한 손에는 유모차를 끌고 다니는 육아에 적극적인 아빠들)는 대부분 부모휴가 중인 아버지들이다. 그리고 이렇게 부모휴가를 사용하는 아버지들이 유모차를 끌고 공원을 산책하고 장을 보는 장면은 이곳 스웨덴에서는 낯설지 않은 일상적인 광경이다. 우리 동네 공원에 앉아

스웨덴의 개방형 어린이집(오픈 푀르스 콜라)에서 즐거운 한때를 보내는 아빠와 아이들.

있으면, 유모차를 끌고 산책을 하는 아빠들을 자주 보곤 한다. 심지어 한 손으로는 두 아이가 탄 유모차를 밀고, 다른 한 손으로는 조금 큰 아이 손을 잡고 강아지까지 데리고 산책 나온 아빠를 본 적이 있다. 나는 나도 모르게 입을 쩍 벌리고 보고 있는데, 정작 당사자인 아빠는 아주 여유롭게 세 명의 아이들과 한 마리 강아지를 데리고 산책을 즐기고 있었다. 시쳇말로 '대박'이었다.

스웨덴 아빠들은 어떻게 아이들과 여유로운 시간을 보낼 수 있을까? 오늘은 아빠가 아이들과 시간을 보낼 수 있게 지원하는 정책인 부모휴가(육아휴직)에 대해 이야기하고자 한다.

현재 우리나라에서 시행되고 있는 육아휴직은 만 8세 또는 초등학교 2학년 이하인 자녀를 돌보기 위해 일하는 부모가 아이 한 명당 최대 1년간 낼 수 있는 휴가를 말한다.

그러나 1년 동안 대체인력을 채워야 하는 문제, 낮은 육아휴직 급여 문제, 보수적인 사업장 분위기 문제 등의 이유로 많은 사람들이 육아휴직제도가 있다는 것은 알지만 쉽게 사용하지 못한다. 그나마 여성들은 이런저런 눈치를 감내하고서라도 겨우 신청을 하지만 남성들의 경우 육아휴직을 신청한다는 것은 거의 불가능에 가깝다. 이런 여러 상황으로 인해 육아휴직제도는 아직 우리 사회에 보편적으로 정착하지 못한 상태다.

부모휴가제도가 처음 만들어진 곳은 바로 스웨덴이다. 1974년 스웨덴을 시작으로 부모휴가제도는 1980년대에 많은 국가들로 도입·확대되었다. 물론 다른 여타 제도들과 마찬가지로 이 제도 역시 여러 가지 어려움과 시행착오를 겪었다. 실제로 초기 부모휴가제도는 정부가 바뀔 때마다 축소와 확대를 반복하기도 했다.

하지만 스웨덴에서 이 정책이 꾸준하게 지속된 이유는 바로 아이를 키우는 부모들의 강력한 지지가 있었기 때문이다. 실제로 어린 자녀를 가진 부모들은 이 정책 안에 담긴 목표에 동의하고 있었다.

그렇다면 이 정책이 지닌 목표는 무엇이었을까?
그것은 바로 부모의 (어린) 자녀를 키울 권리를 지키는 것이었다.

이 정책은 부모가 어린 자녀를 키울 수 있는 시간을 보장해주는 동시에 아이들에게도 부모와 같이 시간을 보낼 권리가 있음을 인정하는 것에서부터 시작됐다. 이는 부모가 어린 자녀를 돌보기 위해 잠시 노동을 중단해도 소득 상실의 위험성을 최대한 줄이며, 아이를 키울 수 있는 권리가 부모에게 있다는 것을 정책적으로 지원함을 의미한다. 그렇다. 부모휴가제도는 대표적인 탈상품화정책의 일환이기도 하다(탈상품화에 대한 설명은 7장의 '노동을 삶의 즐거움으로 만드는 비결'에서 자세하게 다룬다).

어린 아이를 둔 일하는 부모들은 자녀들을 믿고 맡길 질 좋은 보육시설에 대한 욕구도 있지만 특히 만 0세에서 1세 아이들의 경우 직접 돌보고 싶은 욕구도 있다. 아무리 보육시설이 좋아졌다고는 하지만 만 1세도 안 된 가장 어린 나이의 아이들을 보육시설에 보내는 것은 일하는 부모들에게 여전히 망설여지는 일이다. 그리고 이것은 보육시설에 대한 믿음과는 다른 차원의 문제다.

부모들의 강력한 지지를 기반으로 부모휴가제도는 스웨덴 부모들에게 어린 자녀를 돌보기 위한 중요한 정책으로 점차 자리를 잡아가게 된다. 그런데 이 제도는 도입 초부터 제기된 문제점이 있었다. 바로 이 제도의 주된 이용자가 어머니(여성)라는 것이었다.

노동시장에서와 마찬가지로 가족 내 재생산노동(가사·육아·돌봄노동)에서도 젠더 평등을 강조했던 스웨덴은 이러한 상황을 간과하지 않았다. 그래서 북유럽의 부모휴가제도는 아동 돌봄에 대한 사회적 가치의 인정 그리고 아이를 돌보는 부모의 시간 확보 문제를 넘어 새로운 차원의 이슈를 등장시키는데, 바로 돌봄에 대한 '아버지의 권리와 참여'였다.

1970년대 당시 스웨덴에서는 부모휴가 기간이 12개월에서 15개월로 늘어나고, 휴가 급여가 80퍼센트에서 90퍼센트로 상향 조정되었지만, 아버지의 부모휴가 사용률은 고작 2퍼센트에 불과했다. 하지만 2000년대 초반 스웨덴을 포함한 북유럽 국가들에서 부모휴가를 사용하는 아버지의 비율은 전체 사용자의 40퍼센트를 훨씬 넘는 수준에 이르렀고, 특히 전체 휴가 중 아버지가 사용해야 하는 휴가 기간의 사용률은 80퍼센트를 상회하는 것으로 나타났다.

그렇다면 어떻게 이들은 이러한 변화를 이끌어냈을까?

스웨덴 정부가 아버지의 부모휴가제도 이용률을 늘리기 위해 사용한 방법은 여러 가지가 있다. 우선 스웨덴 정부는 부모휴가 기간 안에 아버지만 사용할 수 있는 휴가 제도를 도입했다. 일명 '아빠의 달 Daddy Month'(혹은 아버지 할당제)이 그것이다. 당시 스웨덴 정부는 이 제도를 통해 아버지들이 '아버지의 권리'를 행사할 것을 강조했다.

　하지만 단순히 정책적 변화만으로 아버지들의 행동에 변화를 이끌어낼 수 있을까? 특히 남성의 경우 부모휴가를 신청하고 아이를 돌보기까지 제도의 지원 여부를 떠나 또 다른 차원의 장애물이 남아 있다. 바로 '돌봄의 문화'에 대한 것이다.

　돌봄과 관련되어 제도의 정비만큼 혹은 그보다 더 중요한 것은 바로 돌봄을 둘러싼 우리의 문화가 변화되어야 한다는 것이다. 특히 돌봄과 관련된 정책은 상당히 문화적인 것과 연결되어 있다. 우리 사회에서 돌봄은 노인 돌봄이건 아이 돌봄이건 철저하게 가족의 몫이고 더욱이 엄마(여성)의 몫으로 규정되어 있는 것이 사실이다.

　돌봄 정책을 공부하면서 나에게 상당히 어려운 부분이 있었다. 정책이 도입되었지만 실효성이 낮거나, 정책의 확대가 더딘 경우 흔히들 이런 말을 한다.

　"이러한 정책은 우리나라 정서상(문화상) 시기상조야(맞지 않아)."

　특히 돌봄에 대한 남성의 참여를 이끌어내는 제도를 도입했지만, 그 효과성이 미비한 경우 더욱 문화적인 성향에 대한 이야기가 나온다.

예를 들어 부모휴가제도(육아휴직)는 현재 많은 국가에서 시행되고 있지만 이것의 실효성과 제도의 확대 정도는 국가마다 상이한 차이점을 보인다. 특히 남성의 돌봄에 대한 참여 정도는 국가마다 매우 다르다. 왜 이러한 결과가 생기는 것일까? 그 원인으로 비교정책분석가들은 국가마다 갖고 있는 '돌봄 문화의 차이'를 지적하기도 한다. 가부장제가 강한 국가일수록 남성의 돌봄 참여가 저조하다는 것이다. 일명 돌봄에 대한 '가족책임주의'가 강한 국가에서는 남성의 부모휴가 참여가 낮다고 한다. 유럽으로 치자면 남유럽(그리스, 스페인, 이탈리아, 포르투갈)이 그러하다. 반대로 돌봄에 대한 젠더 평등의 문화가 자리 잡은 북유럽(노르웨이, 덴마크, 스웨덴, 핀란드 등)의 경우 아동 돌봄에 대한 남성(아버지)의 참여가 상대적으로 높다.

"문화와 정서를 반영해서 정책을 설계해야 한다." 맞는 말이다.

아동 돌봄이 가족의 몫 혹은 여성의 몫으로 규정된 국가에서는 남성에게 돌봄 참여를 고취하는 제도보다 여성의 돌봄 노동을 지원하는 편(예를 들어 양육수당)이 당장 체감할 수 있는 정책의 만족도와 효과성을 크게 할 수 있다. 실제로 남유럽에서는 아동 돌봄에 대한 남성의 참여를 독려하는 정책보다 현재 돌봄을 하고 있는 여성 그리고 조부모(주로 할머니)에게 수당을 주는 제도가 더 많은 호응을 받고 있다.

돌봄을 지원하는 정책과 그 결과에 대한 관계 고리는 단순히 제도의 문제로 한정 지을 수 없는 부분이 분명하게 있다. 가족의 몫으로 여겨지고 있는 돌봄의 경우, 여전히 많은 사람들이 나의 부모와 나의 어린 아이를 가족 안에서 돌보기를 원하기 때문이다. 당장 정책을 사용하는 시민들의 선호와 욕구에 맞게 정책을 만들고 설계하는 것은 아주 중요하다. 정책은 분명, 그 정책을 사용하는 사람들의 욕구를 반영해야 하고 그들이 행복해야 한다.

하지만 다른 측면에서 생각해보면, 해당 문화와 정서의 고착화로 여러 문제점이 부각될 경우, 우리는 계속 이러한 문화를 지지하는 정책을 만들어야 할까?

이 질문에는 '정책이 기존의 문화를 바꿀 수 있는가'라는 문제의식이 담겨 있다. 현재의 문화와 정서에 맞지는 않지만, 고착화된 문화를 바꾸기 위해 우리는 정책을 만들고 지지할 수 있을까?

돌봄의 영역에서 이러한 문제는 더욱 부각된다. (아동 혹은 노인) 돌봄이 가족의 몫이고, 더욱이 여성의 몫으로 자리 잡고 있는 기존의 정서와 문화는 과연 올바른 것일까?

그렇지 않다.

물론 아이를 키우는 데 있어(특히 그 아이가 유아나 영아일 경우) 어머니의 역할이 절대적인 시기가 있다는 점을 나 역시 부정하지 않는다. 그리고 아무리 돌봄에 대한 국가의 역할이 높아지고 제도적 지원이 증가된다 해도 가족 안에서 이루어지는 돌봄은 여전히 중요하고 그럴 수밖에 없다는 점 역시 사실이다. 가족에서 이루어지는 돌봄의 가치를 부정하자는 이야기가 아니다.

하지만 돌봄이 가족의 책임이고 여성의 몫으로 남는 경우, 그리고 무엇보다 내 아이가 하루가 다르게 커가는 모습을 정녕 아버지인 당신들이 일하느라 놓쳐야만 할 때, 노동시장에서 일할 의무와 권리만 있지, 정작 당신이 일하는 목적이기도 한 당신의 아이와 보낼 수 있는 그 시간에 대한 권리가 아버지들에게 없을 때.

정책은 이러한 고착화된 문화를 바꾸기도 한다.

그것의 예가 바로 스웨덴의 라테파파다.

스웨덴은 아동의 돌봄에 있어 아버지의 참여가 두드러지고, 이에 대한 정책적 지원이 가장 관대한 국가 중 하나다. 그리고 아동 돌봄을 위한 부모의 휴가 제도에서 남성(아버지)의 휴가 사용률이 세계에서 가장 높은 국가다. 특히 아버지만 사용할 수 있는 휴가인 '아빠의 달' 사용률이 단연코 높은데, 실제로 아버지들 사이에서는 이 휴가를 사용하지 않으면 본인이 손해라는 인식이 높다(양도가 불가능한 이 휴가를 사용하지 않는 경우 세 달의 휴가 기간이 없어진다. 그래서 '아빠의 달'을 사용하지 않는다는 것은 가족의 입장에서 전체 휴가 기간의 손실을 의미한다).

남성의 높은 부모휴가 사용률이 말해주는 것처럼, 스웨덴 사회에 있다 보면, 아이를 돌보는 아빠들의 모습을 너무나 흔하게 목격한다. 더 놀라운 것은 이 아버지들의 육아 솜씨가 전혀 서투르지 않다는 것이다. 물론 이들도 아이를 키우는 모습은 우리네와 비슷하다. 첫 아이 때는 모든 것이 조심스러웠지만, 셋째 키울 때는 돌이 지나

기 전에 아이스크림을 먹였다며, 놀이터에서 만난 세 아이의 아빠
는 웃으며 내게 말했다.

아이가 무엇을 좋아하는지, 어떤 습관이 있는지, 어떤 장난감을
가장 좋아하고, 어떤 음식을 싫어하는지…….. 내가 만난 스웨덴 아
빠들은 줄줄이 이야기한다.

그렇다면 스웨덴 아버지들이 이처럼 유독 아동 돌봄에 적극적으
로 참여하는 이유는 무엇일까? 어떻게 이들은 아이들을 잘 돌볼 수
있을까? 스웨덴이 원래 이렇게 문화적으로 아버지의 돌봄이 보편
화된 국가였는가? 대답은 '전혀 그렇지 않다'이다.

다른 유럽과 마찬가지로 20세기 초반까지 스웨덴 여성은 가족과
사회에서 비참한 존재였다.

전통적으로 스웨덴에서 남성은 그의 아내를 채찍질할 권리가
있었다. '뭐? 스웨덴에서?' 하며 놀랄 수도 있다. 하지만 사실이다.
1865년에 스웨덴 정부는 남성이 전통적으로 갖고 있었던 아내를
채찍질할 권리를 폐지한다. 그러나 여전히 여성들은 교육을 받거
나 돈을 벌 수 있는 권리도, 정치에 참여할 권리도 없었다. 당시 대학
에서는 여학생의 입학을 거부했으며, 노동력이 부족한 시기 여성을
작업 현장에 들이자 이를 거부하며 회사를 그만 두겠다는 남성들의
목소리가 거셌다. 여성이 사회 구성원으로 인정을 받을 수 있는 유

일한 통로는 바로 결혼뿐이었다. 이러한 사회에서 스웨덴 남성들에게 아이를 돌보는 것은 전혀 그들의 역할도 의무도 아니었다. 그리고 이러한 사회적 문화와 정서는 20세기 초반까지 이어진다.

단지 '여성만의 문제'가 아니라 이것이 '남성 자신의 문제'이기도 하다는 인식 전환이 사회 전반에 일어나기 시작한 것은 1950년대와 1960년대 전후의 일이다. 더욱이 아동 돌봄에서 국가의 역할이 강조되고, 부모 모두의 참여가 독려되기 시작한 것은 1970년대 후반의 일이었다.

1970년대 이후 스웨덴 사회는 여러 가지 면에서 대대적인 변화가 일어나게 된다. 돌봄에 대한 정부 역할의 강조와 더불어 아동 돌봄에 대한 아버지의 참여는 지속적이고 대대적인 정책적 지원을 받았다. 바로 현재의 스웨덴 라테파파가 등장할 수 있는 초석이 마련된 것이다.

하지만 정책이 처음 도입되었을 당시 이들의 상황은 우리와 별반 다르지 않았다. 1974년 부모휴가가 도입되었지만 이 휴가의 사용자는 대부분 여성(어머니)이었다. 성 중립적으로 제도를 만들었다고 하지만, 제도의 도입 당시 자녀를 돌보기 위해 선뜻 휴가를 내는 아버지는 거의 없었다. 1977년 남성의 휴가 사용률은 고작 2퍼센트였다. 1986년 아버지의 독립적인 휴가의 권리가 주어지고, 소득대체율 역시 배우자의 소득 기반이 아닌 본인의 소득에 기반한 대체율(1989년 휴가급여는 소득대체율이 80퍼센트에서 90퍼센트 수준이었다)이었음에도 여전히 남성의 휴가 사용은 저조했다. 일각에서는 부모휴가 제도에 대해 이렇게 비판했다. 전혀 문화적 상황에 맞지 않는 제도를 만들어 실효성이 없다고. 맞는 말 같았다.

하지만 스웨덴은 포기하지 않았다. 남성을 돌봄의 영역에 참여시키기 위해, 1994년 아버지만 사용할 수 있는 '아빠의 달'이라는 정책을 만든다. 휴가 기간 중 총 4주를 아버지만 사용하게 만든 이 제도는 현재 총 12주로 확대되었다. 또한 아빠의 달이 도입되기 전후로 정부는 젠더 평등의 가치를 교육 현장에 적극적으로 반영시킨다. 1983년에 나온 아버지의 역할에 대한 보고서를 보면 고착화된 돌봄의 문화를 변화시키기 위한 스웨덴 정부의 새로운 전략이 눈에 들어온다. 스웨덴 정부는 제도의 보편적인 확대와 더불어 이 제도가 의미하는 새로운 아버지 상을 적극적으로 알리기 시작한다. 즉 자녀들과 시간을 보내고 자녀를 돌보는 아버지가 새로운 아버지 상으로 등장한다.

당시 정부의 캠페인을 살펴보면, 아버지들에게 당신의 아이를 돌봐야 한다는 의무를 부여하기보다 당신의 아이와 함께 보낼 수 있는 시간에 대한 권리를 챙겨야 한다는 인식의 변화를 강조하고 있다. 또한 당시 돌봄에 참여하는 아버지의 개인적 성숙과 경험에 대한 연구와 기사가 증가하는데, 이러한 학계와 미디어의 역할 역시 정부의 움직임에 힘을 실어주게 된다. 그 결과 정책 도입 초기 고작 2퍼센트 내외였던 아버지의 휴가 사용률은 2017년 80퍼센트를 상회하는 수준에 이르렀다.

아버지의 부모휴가 사용률이 이렇게 높으니, 당연히 라테파파가 흔하게 보일 수밖에. 스웨덴은 절대 변화될 거 같지 않았던, 아버지들의 돌봄 참여를 이끌어냈다. 그리고 기존 돌봄의 문화를 바꾸었다. 정책이 문화를 바꾼 것이다.

바뀌지 않는 것은 없다.

생각해보면, 불과 10여 년 전 우리에게는 주5일 근무라는 것이 무척 낯설었다. 주5일 근무제를 도입했을 당시 일각에서는 온갖 우려를 쏟아냈다. 하지만 이제 주5일 근무는 일상화되고 상식이 되었다. 물론 여전히 주5일 근무를 시행하지 못하는 작업장들도 많다. 하지만 우리 사회와 정책은 주5일 근무제를 달성하기 위해 나아가고 있지, 주5일제를 시행하면 우리 경제가 망한다느니 다시 주6일제로 돌아가야 한다느니 하는 식의 주장은 거의 사라졌다.

정책이 우리의 문화와 정서를 반영해야 한다는 말도 맞지만, 문화를 바꾸기 위한 정책을 만드는 것도 필요하다. 돌봄에 대한 아버지들의 참여 역시 마찬가지다. 아직 우리 사회에서 아버지가 육아휴직을 사용하기에 제도적으로 지지 기반도 약하고, 주변의 인식 역시 호락호락하지 않다. 아직 갈 길이 멀다. 하지만 낙담하기는 이르다.

아동 돌봄에 대한 국가의 책임이라는 말이 나오고 이것이 정부의 관심 사안으로 가시화되기 시작한 것은 노무현 정부부터였다. 그이후로 우리는 아이들의 돌봄 정책과 부모의 권리에 대해 생각하게

유모차를 끌거나 아이들과 함께 즐거운 시간을 보내는 라테파파의 모습.

되었다. 그렇게 본다면 상당히 짧은 시간 안에 우리는 돌봄 정책(보육시설 확대, 양육수당, 보육료 지원, 육아휴직 등)의 도입과 확대를 경험하고 있는 셈이다. 그리고 이제는 제도의 문제보다 문화와 가치의 변화가 남았다. 어쩌면 이제부터가 진정한 제도 확대의 길목에 서 있다고 볼 수 있을 것이다.

좋은 정책을 만드는 길은 단순히 제도의 유무가 아니라 그 정책이 갖고 있는 가치와 의미를 우리가 만들고 실현해나가는 순간일 것이다. 그리고 그러한 정책은 우리의 삶을 변화시킬 수 있다.

부모가 아이를 키우는 시간을 되찾는 것, 특히 육아에 대한 아버지의 권리를 주장했던 부모휴가제도는 어떤 것이 좋은 부모인지에 대한 질문을 끊임없이 던졌고, 결국 아버지들을 가족의 곁으로, 아이들 곁으로 당당하게 돌아오게 만들었다.

'무상'보육이 아니라 '보편'보육이다
어떻게 정책이 정치적 수단으로 전락하는가

항상 새해가 되면 여러 가지 정책적 이슈들이 연일 뉴스를 통해 나온다. 그중 내 눈길을 끄는 것은 매년 반복되는 보육정책을 둘러싼 첨예한 공방들이다.

우리나라에서 보육정책이 관심을 받기 시작한 시기는 아무래도 저출산이라는 인구학적 위기가 사회적으로 심각하게 받아들여지던 2000년대 초반부터였다. '초저출산 국가'라는 타이틀을 달고 난 뒤 언론과 정부는 저출산의 해법을 찾기 위해 여러 고민과 대안들을 쏟아낸다. 그리고 이러한 고민 끝에 보육정책은 검증된(?) 저출산 해결책으로 부상하게 된다.

출산이라는 것이 단지 하나의 매듭이 풀린다고 해서 늘어나거나 줄거나 하는 그런 단순한 문제는 아니지만, 저출산의 해결책 중 하나로 보육정책은 그 필요성을 인정받고 적극 논의된다. 하지만

2000년대 초반 그리고 2011년 이전까지 보육정책을 둘러싼 정치적·사회적 논의는 현재의 '무상보육'과는 달랐다. 당시 보육정책의 사회적 논의는 보육정책의 공공화, 국공립 보육시설의 확충, 아동수당 등이 주를 이루고 있었다. 하지만 어느 순간 '무상보육'이라는 정책 신인이 등장하자 보육정책의 판세는 전혀 다른 방향으로 흘러가게 된다.

'무상'보육이 정치의 전면에 등장한 때는 2011년으로 봐도 무방할 것 같다. 당시 보육정책의 주요 논의거리는 큰 맥락에서 공공화 대 시장화(민영화)였다. 보육에 대한 국가의 책임을 과연 어떠한 방식으로 확대할 것인가를 두고 여러 가지 의견들이 분분한 상황이었다. 그래서 2011년 이전부터 많은 시민단체와 학계에서 보육정책의 공공화(국공립보육시설의 확충)와 아동수당을 골자로 하는 보편적 보육을 주장하고 있었다. 하지만 당시 이명박 정부는 보편적 보육이라는 말을 상당히 꺼려했으며, 여당인 한나라당이 내세운 정책적 노선은 그와는 사뭇 다른 '선별적 지원'을 중심으로 하는 보육정책이었다. 이명박 정부와 한나라당은 사회적 약자를 중심으로 보육비를 지원하고 수요자 중심의 보육시장을 조성하여 민간 기관의 자율경쟁과 이를 통한 보육의 질 향상을 추구했다.
　하지만 이러한 정치적 흐름이 완전히 뒤바뀌는 사건이 일어나는데, 바로 '서울시 무상급식 주민투표'였다. 서울시 무상급식 문제는 예상 외로 강한 정치적 파급력을 가져왔고, 이것은 비단 아이들의 밥 한 끼 문제를 넘어서 '보편적 복지는 과연 복지 포퓰리즘인가'라는 치열한 논쟁거리까지 낳았다. 게다가 당시 오세훈 서울시장이 자신의 시장직까지 거는 승부수를 띄우면서 아이들의 무상급식을 둘러싼 시민 투표는 단지 서울시의 문제가 아닌 전 국민적인 관심의 대상이 된다. 복지에 대한 보수와 진보의 상징적인 대결의 장이 되었던 이 선거의 결과는 오세훈 시장이 시장직을 사퇴하는 것으로 끝났고, 향후 서울시장 보궐 선거에서 박원순 현 서울시장이 당선되면서 보수진영이라 할 수 있는 당시 한나라당(새누리당으로 당명을 바꾸고 다시 자유한국당으로 당명을 바꾸었다)에 상당한 충격을 주었다.

그 충격이 얼마나 컸는지 한나라당은 보육정책에 한에서는 보편적 복지를 받아들이는 방향으로 정책의 노선을 급격히 수정한다. 그 전에 한나라당은 보편적 복지와 무상급식을 경제 파탄의 주범이 될 것이라 강하게 비판했었다. 하지만 무상급식 선거의 패배 이후 당시 한나라당 황우여 원내대표는 만 0세부터 전면 무상보육의 추진이라는 정책을 내세우게 된다. 그리고 다음 해인 2012년 총선을 앞두고 이명박 정부는 무상보육을 전면 수용한다. '무상급식'의 역풍을 맞은 한나라당이 '무상보육'이라는 카드를 꺼내 들자 총선에 임하는 각 정당이 너도나도 핵심 정책으로 무상보육을 내세운다. 이렇게 '무상급식'의 담론이 '무상보육'의 담론으로 바뀌자 보편적 복지의 핵심 정책으로 무상급식을 내세웠던 민주당은 담론의 주도권을 한나라당에게 빼앗기는 모양새를 띠게 된다.

그렇다. '무상보육'은 당시 이명박 정부와 한나라당의 총선을 위해 만들어진 선거용 정책이었으며, 무엇보다 무상급식의 논란을 잠재울 수 있는 히든카드였다. '무상'보육은 '무상'이라는 단어를 가져와 본인들에게 불리했던 상황을 역전시켜버린 탁월한 정치적 계산의 산물이었다.

물론 무상보육이 정책적 관심사로 떠오르면서 우리나라 보육정책의 양적 확대에 강한 추진력이 된 것은 사실이다. 실제로 그동안 보편적 보육과는 다소 거리가 있는 정책 노선을 택했던 보수 진영의 이러한 변화는 이후 이명박, 박근혜 정부가 보육정책의 양적 확대를 수용하는 출발점이 되었다. 아이러니하게도 우리나라 보육정책의 급격한 확대는 보편적 보육정책을 반대했던 진영의 주도로 이루어지게 된다. 하지만 정책 도입의 이런 모순적인 순간은 여러 국가 혹은 많은 시대에서 보여 왔기에, 현재 무상보육 정책의 문제는 어느 당이 추진했는지의 문제와는 크게 상관이 없을 수 있다.

사실 무상보육 정책의 문제는 보다 본질적인 것에서 기인한다. 이는 이 정책의 모호한 정체성 그리고 당시 정부가 보여준 이중적 태도와 관련되어 있다. 그들은 보육정책의 확대를 주도했지만 정책의 방향성을 바꾸지는 않았다. 이명박 정부와 박근혜 정부는 오히려 보육정책에 있어 민간의 공급체계를 유지·확대하고 현금급여 중심의 시장화 기조를 유지했다.

당시 정부는 만 0세에서 5세 전 계층의 보육료 지원과 양육수당의 확대를 주도하며 현금급여의 폭을 급격히 늘렸지만, 이것이 보육에서의 국가 책임을 강조하는 '공공성'을 의미하는 것은 아니었다. 보육에 대한 현금 지원이 급격하게 확대되고 있었던 2012년과 2013년 정부의 '보육서비스 개선 대책'을 살펴보면, 보육서비스 구조에서 정부는 공적 보육체계의 사실상 포기를 선언하며 민간 위주의 공급 정책을 표명하고 있다는 것을 알 수 있다.

다시 말하자면 보수적인 정당에 의해 무상보육이 국가 정책으로 도입된 것은 사실이지만 실제 보육정책에서 국가의 역할은 보육비 지원에만 한정되어 있었을 뿐 그동안 많은 사람들이 원했던 보육의 공공화 및 국공립 보육시설의 확대에 있어서 이들은 어떠한 책임 있는 행동도 취하지 않았다.

실제로 우리나라 보육정책의 가장 큰 모순은 수많은 민간 보육시설에 국가가 비용만 제공하는 구조에서 비롯된다. 따라서 보육의 질 향상과 공공성 확충을 위해서는 국공립 보육시설의 확대가 절대적으로 필요하다. 하지만 이러한 논의는 무상보육의 등장 이후 사회적 관심에서 멀어지게 된다. 무상보육 담론의 '무상'이 보육의 '공공성' 담론을 덮어버리자, 이명박 정부와 박근혜 정부 및 여당은 '보편적 보육=보육의 공공성'이라는 등식을 '무상보육=보육의 공공성'이라는 등식으로 완전히 바꿔버렸다.

2011년 이후 등장한 '무상보육'의 현재 모습은 어떠한가?

현재 보육정책은 자신의 정체성을 잃어버렸다. 정책이 본연의 가치를 잃어버리고 정쟁의 도구로 사용되고 있다. 2019년 초 유치원 개학을 앞두고 일어난 '한유총 사태'는 본연의 정책적 목표를 잃어버린 보육정책이 어떻게 정치적 도구로 전락하는지 여실하게 보여준 사례였다.

사립 유치원 회계 관리 시스템인 '에듀파인 의무화'를 두고 촉발된 정부와 한유총의 첨예한 대립은 이번이 처음이 아니다. 2016년 여름에도 정부와 한유총은 국립 유치원에 지원되는 정부의 예산을 둘러싸고 대립을 벌였다. 한유총은 정부가 국공립 유치원에 사립 유치원보다 더 많은 예산을 지원하는 것이 차별이라며 강하게 항의했었다. 당시에도 이들은 자신들의 의견이 받아들여지지 않으면 '집단휴원'을 하겠다고 으름장을 놨다. 돌봄 대란을 우려했던 당시 박근혜 정부와 교육부는 결국 사립 유치원에 대한 예산을 확보하는 것을 약속하며 이들의 집단 휴원을 막았다.

당시 한유총이 정부 정책(국공립 유치원 예산 지원 확대)에 반대하며 내세운 근거는 아이들 교육에 있어 국공립과 사립 유치원 간의 차이가 있을 수 없다는 것이었다. 즉 어디서 근무하든 다 같이 아이들을 가르치고 돌보는 '교육자'라는 것이었다. 하지만 3년 전에는 교육자 간의 차별을 유도하지 말라고 요구하던 한유총이 이번에는 자신들이 '자영업자'라며 교육당국의 회계 관리는 본인들의 사유 재산권 침해라고 주장한다. 정부의 예산을 더 받기 위해 '교육자'라 주장했던 이들이 투명한 회계 관리를 위한 정부의 감독 앞에서는 '자영업자'로 둔갑해버렸다.

하지만 정부는 단호한 태도를 유지했고, '한유총 설립 허가 취소'라는 강경책을 들고 나왔다. 결국 개학 연기를 예고했던 한유총은 개학 날에 부랴부랴 유치원 개원을 하며 백기를 든다. 개학 전날까지 아이를 어디에 맡겨야 할지 마음 졸였을 부모들은 한숨을 돌렸다. 하지만 보육정책에서 정작 목소리를 내야 하는 우리 아이들과 부모들은 정부와 사립 유치원 간의 팽팽한 싸움 속에서 이번에도 마음을 졸이며 눈치만 보는 셈이 되어버렸다.

보육정책의 목표는 무엇인가?
왜 우리는 보육정책을 만들었고 그것을 중요하게 여기는가?
그리고 왜 보육정책에서 국가의 책임을 강조하는가?
보육정책의 기초는 여기서부터 논의되어야 한다.

어떠한 것이 보육정책의 목표인지, 무엇을 위해 우리는 보육정책의 확대를 주장하는지에 대한 사회적으로 분명하게 합의된 목표가 있어야 한다.

시대나 국가에 따라 보육정책의 목표는 달라질 수 있다.

예를 들어 스웨덴은 1970년대부터 공적 보육의 목표를 노동시장에서 일하는 여성들을 지원하기 위한 것으로 설정했다. 그래서 스웨덴의 보육정책은 노동시장에서의 양성평등과 연계하여 발전하게 된다. 반면 덴마크와 핀란드는 아동 발달의 측면에 초점을 두고 보육정책을 발전시킨다. 아동이 안전하고 좋은 환경에서 자라날 수 있는 권리에 초점을 두고 보육정책을 정착시켰다.

현재 스웨덴과 핀란드 그리고 덴마크는 보육정책의 선진국이며, 공공보육시설과 보육정책에 대한 국가의 책임이 완전하게 자리를 잡은 국가들이다. 그래서 어떤 보육의 목표가 더 낫다고 이야기하긴 어렵다. 단지 우리는 우리 사정에 맞게 사회적 합의가 된 보육정책의 목표를 만들면 된다.

하지만 무상보육에 대해 관심이 많았던 2011년과 2012년 당시의 우리는 진지하게 보육정책의 목표에 대해 이야기하지 않았다. 현재도 마찬가지다.

정책이 그 본래의 가치를 갖기 위해서는 명확한 목표를 갖고 있어야 한다. 나는 보육정책의 진정한 목표는 바로 우리 아이들의 돌봄받을 권리를 지켜주는 것이라 생각한다. 국가는 우리 아이들을 좋은 환경에서 돌봐야 할 의무가 있으며, 우리나라에서 태어난 아이들은 그 아이들의 부모가 누구이건, 경제력이 어떠하건, 무슨 학벌이건 간에 질 높은 보육서비스를 이용할 권리가 있다고 생각한다. 모든 아

■ 스웨덴 어린이집(퓌르스콜라)의 수업 현장.

이들은 평등하게 그리고 안전하게 삶의 처음을 시작할 권리가 있다.

많은 사람들이 교육이 계층 이동의 주요한 열쇠라고 이야기한다. 물론 현재 우리나라의 교육은 사교육 때문에 오히려 계층의 장벽이 두터워진다는 비판을 받고 있지만 이렇게 사교육이 판을 치는 것은 역설적이게도 그만큼 많은 사람들에게 교육이 중요하다는 것을 보여주는 반증이 아니겠는가?

보육 역시 마찬가지다. '출생 추첨'이라는 말이 있다. 우리 아이들은 각기 다른 환경에서 태어난다. 그리고 부모의 경제적·사회적 지위는 어린 자녀들에게 막대한 영향을 미친다. 두말하면 잔소리다. 요새 나오는 금수저, 흙수저 이야기가 이러한 문제를 대변하는 것이 아닌가?

비록 부모의 경제적·사회적 지위가 자녀들에게 영향을 주는 것을 완전하게 차단하지는 못하겠지만, 최소한 우리 아이들에게 평등한 삶의 출발선을 제공할 수 있도록 우리는 노력해야 한다. 그 시작이 바로 보육정책이라 생각한다.

보육정책은 아이들의 권리에서 시작되며, 국가는 보육 환경에 대해 책임을 져야 한다. 그러므로 보육정책의 대상자는 부모도 아니고 선거권을 가진 시민들도 아닌 바로 우리 아이들이다.

우리 아이들에 대한 권리를 지지하고 지켜주는 것이 보육정책이고, 그렇기 때문에 '공짜' 혹은 '무상'이라는 말은 어울리지 않는다. 더군다나 우리 아이들이 다니는 유치원은 따뜻한 보살핌과 가르침을 받는 공간이지, 시장의 원리에 의해 사익 추구를 목적으로 하여 작동하는 영리 단체가 아니다. 우리 아이들을 보살피고 길러내는 보육정책과 그것에 대한 재원은 부모와 우리 어른들이 낸 세금에서 나온다. 정부가 공짜로 주는 것이 아니라 그것은 우리 아이들의 부모와 할머니, 할아버지가 아이들을 위해 그리고 우리 사회의 발전을 위해 기꺼이 모아두었던 '배당금'이다. 우리는 나라와 사회의 발전을 위해 여러 가지 형태로 기여했으며, 당연히 그 발전의 이익과 몫은 우리 그리고 우리의 미래인 아이들에게 있다. 응당 받아야 할 권리를 갖고 태어난 아이들에게 '공짜 급식'과 '무상보육'이란 말은 더 이상 어울리지 않는다.

정책은 권리의 측면에서 접근해야 한다. 시민이 시민으로서 갖고 있는 권리를 지켜주기 위한 것으로 정책은 그 명분과 목표를 갖는다. 정책의 명분은 단 하나다. 시민의 권리를 지켜주는 것. 보육정책의 존재 이유는 단 하나다. 우리 아이들을 건강하고 평등하게 키우는 것이다.

물론 보육정책이 더욱 발전하게 되면 다른 정책(아동수당, 육아휴직, 근무시간 유연제 등)과 상승 작용을 일으켜 출산율을 올리고, 여성 경제활동률도 높이며, 아동빈곤율도 낮춰줄 것이다.

'무상보육'의 발생에 큰 영향을 준 '무상급식 주민투표'를 다시 생각해 보자. 왜 우리는 아이들 밥 한 끼에 그토록 관심을 보였는가? 아마도 그것은 우리 아이들을 기르는 것이 우리 모두의 몫이라는 생각을 갖고 있었기 때문일 것이다. 그리고 아이들을 기르는 데 있어 어떤 차별과 배제도 있어서는 안 된다고 우리 대다수가 생각했다고 본다.

보육에서 '무상'이라는 정치적 미사여구를 걷어내자. 더 이상 보육정책이 정치적 도구로 전락하는 것을 보고만 있지 말자.

좀 더디게 가더라도 이제는 고민해보자.

보육정책은 과연 누구를 위한 정책인가?

보육정책의 목표가 무엇이라 생각하는가?

성평등은 남녀 모두를 위한 정책
돌봄이 의무가 아닌 권리가 되었을 때

스톡홀름에 봄이 오고 있다. 노을이 지면서 바람이 불어온다. 더 이상 매서운 바람이 아니다. 얼었던 대지와 나무를 달래듯 순하고 포근한 바람이 불어온다. 기나긴 겨울을 뒤로 하고, 우리는 또 한 번의 봄을 맞이하고 있다.

스웨덴에 올 때, 가장 걱정을 했던 것은 우리 딸아이가 학교에 잘 적응할 수 있을지였다. 하지만 나의 우려와는 달리, 딸아이는 학교생활에 잘 적응하고 있다. 아니, 학교를 너무 좋아한다고 말하는 것이 맞는 표현인 거 같다.

가끔 아이 학교를 방문할 기회가 있을 때 학교 내부를 돌아보면, 나도 이 학교에 다니고 싶다는 생각을 했다. 그런데 학교가 좋아서 월요일이 가장 좋다는 우리 딸에게도 적응이 안 되는 것이 있다.

바로 '축구'다.

여기 아이들은 워낙 활동적이고, 나무도 잘 타고, 운동도 잘한다. 나무는 우리 딸도 잘 타는 편인데, 문제는 여기 아이들이 즐겨 하는 축구에는 영 소질이 없다는 거다. 보다 못한 친구들이 우리 딸아이에게 개인적으로 특별 훈련(?)까지 시켜주는 것 같은데, 딸아이 말로는 공이 마음대로 차지지 않는단다. 뛰는 건 자신이 있는데, 공을 다루는 것은 몸 따로 마음 따로라 신경질만 난다고 한다.

우리 딸아이가 학교를 간 첫 날, 그날도 학교 운동장에서 아이들이 축구를 하고 있었다. 난 여기 남자아이들도 축구를 좋아하나보다 생각하며 무심코 운동장을 지나치려 하는데, 축구를 하는 아이들 틈에 여자아이들이 보이는 거다. 처음에는 '남자아이가 머리를 길렀나' 생각을 하며 유심히 보는데, 남자아이들과 여자아이들이 섞여서 축구를 하고 있는 것이 아닌가.

맞다. 스웨덴은 여자 축구팀이 유명하다(나의 축구에 대한 관심과 지식은 2002년 한일 월드컵 외에는 아는 것이 없을 정도로 무지하다. 그래서 여기 와서야 스웨덴 여성 축구가 유명하다는 것 역시 알았다). 아이들이 축구 경기를 하는 모습을 보면서, 나는 왜 축구는 남자아이(남성)만 하는 것으로 생각했는지 스스로 질문을 해보았다.

부끄럽게도 나는 대학에서 여성정책, 그리고 성평등 정책에 대해 강의를 했었다. 하지만 이런 나에게도 전통적인 성역할이 뿌리 깊게 자리 잡고 있음을 여기서 많이 발견하곤 한다. 스스로 자각하지 못했던 편견을 발견하는 것은, 불편하지만 유쾌한 발견이라 생각한다.

34

tsåldern för
anks från 25
r (samma
än), och
r rätt att
ämma över
ster och
r.

1909

Rösträtt införs för alla
män över 24 år som
betalar skatt och har
gjort värnplikten och
som inte har varit
omhändertagna av
fattigvården eller suttit
i fängelse.

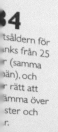

1917

Genombrott för
parlamentarismen,
det vill säga principen
att regeringen måste
ha riksdagens stöd.
Kungen förlorar i
praktiken sin politiska
makt.

1921

Kvinnor får rösta
för första gången.

1944

Det blir lagligt att
vara homosexuell –
tidigare har det varit
straffbart i Sverige.

1945

Rösträtt införs även
för personer som
saknar jobb och
som får socialbidrag.
Rösträttsåldern sänks
samtidigt till 21 år.

1948

FN antar
deklarationen
om de mänskliga
rättigheterna.

1949

Tryckfrihets-
förordningen.
Grundlag som
skyddar rätten att
fritt och ocensurerat
få publicera texter.

1951

Religionsfrihet
skrivs in i Sveriges
lagstiftning.

19

━━ 스웨덴 민주주의 발전 과정을 보여주
는 그래프와 스티커를 붙이는 노부부의 모습.

스웨덴 의회에 방문했을 때였다. 한 노부부가 스웨덴 민주주의 발전 과정 중 어떤 해가 민주주의 발전에 가장 의미가 있었는지 묻는 조사 앞에 서 있었다. 유독 1921년에 많은 스티커가 붙어 있었고, 이 노부부 역시 상의 끝에 1921년에 스티커를 붙였다.

그렇다면 1921년에 스웨덴에서는 어떤 일이 있었을까? 왜 많은 사람들이 1921년이 스웨덴 민주주의 발전에 중요한 해였다고 생각을 했을까?

1921년은 스웨덴 역사상 처음으로 여성이 선거에 참여한 해였다. 투표권에 대한 여성의 투쟁은 길고도 험난했다. 지금은 남성과 여성 누구에게나 주어지는 보통 선거권이 유럽에서는 1920년대 들어서야 가능해졌다(우리나라의 경우 1948년에 남녀가 같이 투표를 할 수 있었고, 아직도 여성의 참정권이 없는 국가들이 있다). 1893년 뉴질랜드에서 세계 최초로 여성에게 투표권이 주어진 이래, 유럽 전역에서 여성의 참정권에 대한 투쟁은 지속되었다. 이 결과 1906년 핀란드를 시작으로 1913년 노르웨이, 1915년 덴마크 등 많은 유럽 국가들에서 여성의 참정권이 시민의 권리로서 자리매김하기 시작했다. 여성의 참정권은 특히 북유럽에서부터 제도화되기 시작했는데, 같은 북유럽 안에서도 스웨덴은 가장 늦게 여성 투표권이 도입되었다.

1919년 여성에게 투표권을 준 스웨덴은 1921년이 되어서야 여성이 남성과 같이 선거를 할 수 있게 했다. 지금은 성평등지수가 가장 높은 국가로 잘 알려진 스웨덴이지만 이곳에서 여성의 정치적 참여나 사회적 진출이 확대된 것은 그리 오래 되지 않았다. 게다가 1930년대까지 스웨덴 사회에서 여성이 대학에 진학하는 일은 무척 어려웠다. 지금으로서는 상상이 되지 않을 정도로, 스웨덴 성평등 정책의 역사는 짧다.

그렇다면 스웨덴은 어떻게 성평등한 사회를 이루었을까?

영국의 유명한 여성 사회학자인 제인 루이스Jane Lewis가 스웨덴 젠더 평등의 역사에 대해 쓴 글을 읽은 적이 있다. 그녀는 자신의 글에서 여성평등 투쟁이 영국과 미국보다 다소 늦고 약했던 스웨덴이 어떻게 지금은 다른 나라보다 더 성평등한 국가가 되었는지 의문을 제기한다. 그러면서 그녀는 스웨덴이 택한 젠더 평등의 방식이 영국과 달랐다고 평가한다.

무엇이 달랐다는 것일까? 스웨덴이 택한 방식은 여성과 남성의 '다름'과 '같음'을 둘 다 인식하고 조화하는 방식이었다. 여성과 남성의 다름difference과 같음equality. 흔히들 이것을 '울스턴크래프트 딜레마wollstonecraft dilemma'라 부른다.

이 딜레마는 여성이 처한 가족을 돌보는 상황을 이야기하지 않고 노동시장에서 남성과의 평등만을 주장하는 것의 문제점을 지적한다. 이렇게 되면 여성은 남성과 대등해지기 위해 슈퍼우먼이 되거나 노동시장의 주변부에 머무는 것(이를테면 파트타임 노동 등) 사이에서 선택할 수밖에 없는 모순적인 상황에 처한다. 이 딜레마는 페미니스트들에게 풀기 어려운 숙제로 여겨졌다. 물론 일부 페미니스트들은 모든 가사노동을 사회화시켜야 한다고 주장하기도 했지만, 문제는 돌봄 노동은 단순한 노동이 아니라는 것이다. 아동과 노인, 가족을 돌보는 것은 분명 육체적인 노동을 요구하지만 그것이 전부가 아님을 우리는 잘 안다. 아이 또는 누군가를 돌본다는 것은 타인을 보살피는 일이며, 여기에는 따뜻한 감정과 관계가 수반된다. 즉 돌봄의 사회화 혹은 가사노동의 사회화가 일부 가능할 수는 있지만 완전하게 사회화시키는 것은 불가능에 가깝다는 것이다.

제인 루이스가 지적한 바와 같이, 스웨덴은 바로 이 문제를 다른 시각에서 접근한다. 차이와 다름의 딜레마는 여성만의 문제가 아니었다. 이것을 여성만의 문제로 단정 짓는 순간 이 문제는 풀기 어려운 것이 되지만, 남성이 이러한 문제 상황에 참여하는 순간 이것은 해결 가능한 문제가 된다.

실제로 1960년대 이후 스웨덴 사회에서 일어났던 젠더 평등 논쟁의 주요 이슈는 여성의 노동권과 남성의 돌봄 참여였다. 당시 스웨덴의 유명한 저널리스트인 에바 모베리EVA Moberg는 본인의 책에서 돌봄 노동자와 그 대상자에 대한 개인의 책임은 여성뿐 아니라 남성에게도 같이 적용되어야 한다고 주장했다. 만약 국가 정책이 남성의 돌봄 및 가사의 분담을 유도하지 않는다면, 이러한 젠더 평등 정책은 여성에 대한 조건적 고용을 의미하는 것이며, 남성의 변화를 촉구하지 않는 상황에서 이루어진 젠더 평등은 불완전한 것

(그녀는 이것을 '가석방'으로 비유한다)이라 주장한다.

1974년 당시 사민당 정부의 총리였던 올로프 팔메Olof Palme도 젠더 평등을 위해서는 여성의 노동시장 참여, 지위 향상과 더불어 남성 역시 돌봄 노동에 참여해야 한다는 생각을 지지했다. 이러한 사회적 논의와 정치적 뒷받침으로, 1974년 스웨덴에서 최초로 아버지의 돌봄에 대한 권리를 법적으로 명시한 부모휴가가 도입된다. 특히 스웨덴 부모휴가 제도는 아동 돌봄에 있어 아버지의 권리와 책임을 강조했다는 면에서 중요한 의미를 갖는다.

1974년 도입된 부모휴가는 아동 출생 후 6개월간 부모의 고용소득과 연계된 유급 휴가로 주어졌다. 부모 모두에게 휴가의 권리가 있고, 이는 서로에게 양도할 수 있었다. 그리고 부모휴가는 1980년대 들어서면서 총 12개월로 확대되고, 이후 휴가기간과 휴가급여 대체수준은 80퍼센트 전후에서 증감의 폭을 보이며 발전하게 된다. 그리고 1994년 '아빠의 달'이 도입되는데, 이 제도는 부모휴가 중 한 달을 아버지가 의무적으로 사용하도록 만들어진 것으로, 아버지가 사용하지 않는다면 그 기간이 없어지는 양도 불가능한 제도다. 따라서 아버지가 아빠의 달을 사용하지 않는 것은 가족의 입장에서 총 휴가기간의 손실을 의미하는 것이었다. 이 제도는 2002년 2개월로 연장되고 2016년 다시 한 달이 더 연장되어 현재 이빠의 달은 총 3개월로 정착되었다.

스웨덴 성평등의 비결은 바로 남성의 돌봄 참여였다. 스웨덴은

■■■■ 젠더 평등에 기여를 한 여성들을 기리기 위한 조각상 '평화를 위해 일하는 여성'이다. 조각상 아래에는 스웨덴 여성 정치인 중 가장 유명한 알바 뮈르달Alva Myrdal의 옆모습이 조각되어 있다. 알바 뮈르달은 스웨덴 가족정책과 특히 보육정책에 아주 중요한 역할을 한 사람이며, 현재 스웨덴 보육시설의 기틀을 마련한 장본인이다. 조각상 옆으로는 한 아버지가 유모차를 끌며 산책을 하고 있다.

일과 돌봄에서 오는 성 불평등이 여성만의 문제가 아니라 모두의 문제라고 생각했다. 그리고 이것의 해결은 남성의 참여로 가능함을 알았다.

스웨덴 의회에는 '여성의 방'이 있다. 이 방은 1994년 스웨덴 여성 참정권 75주년을 기념해 만든 공간이다. 성평등한 사회를 구현하고 있는 스웨덴 여성들은 과연 본인들의 사회를 어떻게 생각하고 있을까? 여성의 방에서 만났던 여러 명의 여성노동위원회 분들은 여전히 스웨덴은 성평등에 도달하지 못했고 이를 위해 갈 길이 멀다고 말하고 있었다. 노동시장(임금격차, 노동시간, 지위, 승진 등)에서 또는 일상생활(가정폭력, 성폭력 등)에서 여전히 성차별이 진행되고 있다는 것이다. 여성에게 선거권이 주어진 이래, 스웨덴에서는 많은 여성 정치인들이 나왔고, 이들은 지금도 스웨덴 여성의 삶을 대변하기 위해 노력하고 있다. 하지만 보다 나은 삶을 위해, 성별로 인해 차별받지 않는 사회를 구현하기 위해 이들은 지금도 성평등을 진행 중인 과제로 본다.

이들의 말처럼 아직 스웨덴 사회가 완전히 성평등한 사회는 아닐 수 있다(나는 잠시 과연 이러한 사회가 도래할지 상상해본다). 하지만 이곳에서 일상의 풍경을 한번 살펴보자. 스웨덴에서 남자아이들과 어울려 축구나 아이스하키를 하는 여자아이들의 모습은 신기한 광경이 아니다. 유모차를 끌고 다니거나 아이들을 돌보는 아버지의 모습 역시 스웨덴에서는 평범한 일상의 모습이다. 지금 내 앞에서 뛰어

놀고 있는 이 아이들의 할머니와 할아버지는 그러한 삶을 살지 못했을 것이다. 이 아이들의 할머니는 여자라는 이유로 대학을 갈 수 없었고, 투표도 할 수 없었다. 하지만 이들이 이룩한 사회 속에서 현재 스웨덴 아이들은 성별에 관계없이 어울려 뛰어 놀 수 있으며, 남성들은 회사나 주변의 눈을 의식하지 않고 자신의 아이들을 마음껏 돌볼 수 있다. 아이에게 부모의 손길이 가장 필요한 그 순간 아버지와 어머니는 아이의 곁에 있을 수 있다.

스웨덴이 생각하는 젠더 평등 사회는 여성만의 것이 아니었다. 남성도 함께 누릴 수 있는 것이었다. 젠더가 평등한 사회는 어느 특정 성을 위한 것이 절대 아니다.

젠더가 평등한 사회는 한 인간이 부모로서, 배우자로서, 노동자로서 그리고 한 시민으로서 평등하고 배려받을 수 있는 사회를 의미한다.

적어도 여기, 스웨덴에서는 그러하다.

노린 집들이 들어서 있는 스웨덴 거리.

4장

배우고 싶은 것을
배울 수 있는 나라

교육

놀기에 나쁜 날씨는 없다
우리 아이들에게는 뛰어놀 권리가 있다

스웨덴에 오면서 우리 가족에게 닥친 가장 큰 문제는 스톡홀름에 집을 구하는 것과 딸아이가 학교에 진학하는 것이었다. 평생 스웨덴어는 들어본 적도 없고 영어도 못하는 아이가 과연 여기 학교에 어떻게 적응을 할 수 있을지가 가장 큰 걱정이었다.

우여곡절 끝에 아이의 학교가 정해졌고 드디어 아이가 입학하는 첫 날을 맞이했다.

그날 아침, 남편이 아이에게 수첩을 내밀었다. 아주 작은 단어장 정도의 수첩이었는데, 거기에는 "I'm sorry" "Can you speak again?" "I don't know" 등의 아주 짧은 문장들이 쓰여 있었다. 물론 반대편에는 한글이 쓰여 있었다. 스웨덴어는커녕 영어도 전혀 모르는 우리 아이가 혹시 학교에서 힘들까 봐 남편이 생각해낸 방법 중 하나였다. 나중에 딸아이가 이야기한 바에 따르면 대화 카드

중 본인이 가장 많이 쓴 것은 "죄송하지만, 이해가 안 돼요"였다고 했다. 이렇게 "이해가 안 돼요"라는 카드만 계속 내밀 수밖에 없었던 딸아이는 입학 초창기에 항상 학교 운동장 구석에서 땅을 파고 있었다. 아이를 데리러 학교에 가면, 우리 딸아이는 매번 그 큰 운동장 구석에서 혼자 혹은 본인보다 아주 어린 동생들(거의 유치원생으로 보이는)과 땅을 열심히 파고 있었다. 또래랑 놀고 싶어도 말이 잘 안 통하니 놀 수 없었나 보다. 그래도 힘들다는 투정도 안하고 학교를 잘 다니는 딸아이가 대견하고 고마웠다. 그런데 이상한 점은, 말도 안 통하고 힘들 만도 한데 우리 딸은 학교를 잘 다닌다는 것이다(물론 학교에 적응하는 문제는 아이들의 성향에 따라 워낙 다르기 때문에 우리 아이의 사례를 일반화할 수 없다는 점은 짚어야겠다). 아이의 성격이 워낙 낙천적이라서 그런가 싶기도 했지만, 학교 다니는 게 정말 좋은지 궁금하기도 했다.

그날도 딸아이는 아빠가 적어준 카드가 주머니에 있는지 확인한 후 집을 나섰다. 카드 옆구리가 너덜너덜해진 것을 보니, 학교에서 저 카드를 친구들과 선생님들에게 수없이 보여주고 다녔을 딸아이 모습이 눈앞에 선하다. 나도 힘들지만, 우리 아이도 온몸으로 힘듦을 견디고 있구나 생각하니 코끝이 시큰했다.

아침에 학교를 간다고, 신나서 가방을 메고 콧노래를 흥얼거리며 앞서 가는 아이에게 한마디 건넸다.

"도연아, 너는 (말도 통하지 않는데도) 학교 가는 것이 좋아?"

"예? 그게 무슨 말이에요?"

"여기 학교가 좋아? 지금 다니는 학교 말이야. 엄마는 도연이가 힘들 거 같은데, 단 한 번도 학교 안 가겠다는 말도 없이 잘 다녀서 대견해서 하는 말이야."

지하철 맞은편에 앉아 있는 딸이 다리를 흔들며, 아무렇지 않게 대답한다.

"말이 안 통하니까 너무 답답하긴 해요. 무엇보다 점심시간에 더 먹고 싶은데……. 그 말을 할 수가 없어요(더 먹고 싶다는 말은 카드에 없었다). 친구들이랑 놀 때도 답답하고……. 특히 우리 반에 싸이라는 남자아이가 있는데, 그 아이는 저를 정말 무시해요. 하지만 다른 친구들은 다 저에게 친절해요. 친구들이 착해요. 제가 잘 못 알아듣는 것을 아니까 천천히 다시 설명해주고……. 그것도 몇 번이나 계속이요. 그것도 쉬운 일이 아니잖아요? 그리고 저스티나(담임선생님)가 너무 좋아요. 매번 저를 보시면, 잘한다고 항상 칭찬해주세요. 웨슬리(학습 보조 선생님)도 정말 좋고요. 그리고 무엇보다 학교가 재미있어요."

한번 말을 시작하면, 끝이 없고 점점 목소리가 커지는 우리 딸……. 지하철 안에서 너무 크게 이야기를 하는 거 같아, 나는 작은 소리로 물었다.

"학교가 재미있어?"

"예!! 진짜, 너무 재미있어요. 점심도 맛있고, 체육시간도 좋고, 야외 활동 시간에 나무를 타는데……" 아이의 이야기는 끝이 없었다.

학교가 재미있다니…….

말도 안 통해서 점심시간에 더 먹고 싶다는 말도 못하는데 우리 딸은 여기 학교가 재미있단다. 딸이 어렸을 때, '말 안하고 3분 있기 혹은 5분 있기'는 수다쟁이 우리 딸을 혼낼 때 주던 벌이었다. 말 못하게 하는 것을 벌로 여길 정도로 말이 많았던 우리 딸이, 묵언 수행을 강제로 하고 있는 그 학교를 재미있다고 말한다. 하고 싶은 말을 언제든 할 수 있었던, 말이 통하는 한국 학교를 다닐 때도 우리 딸에게 잘 듣지 못했던 말…….

"학교가 재미있다."

우리 아이가 다니는 학교는 스톡홀름에 있는 공립학교다.

4학년 1학기까지 마치고 스웨덴에 온 우리 딸은 여기 5학년에 들어갔다(스웨덴은 한국보다 학년이 빠르다고 보면 된다). 아이가 다니는 학교는 프리스쿨Preschool 과정부터 10학년 그리고 고등학교까지 있는 학교다. 우리로 치자면 유치원 과정부터 초등, 중등 그리고 고등학교 과정까지 있는 상당히 큰 학교다. 학교는 크지만 학년마다 반은 두 개씩 있으며, 한 반낭 보동 24명에서 26명 징도의 학생들이 있다. 그리고 반에는 담임선생님과 보조 선생님이 계시다.

우리 아이의 경우 스웨덴어가 전혀 안 되고, 영어로도 의사소통이 거의 불가능하기 때문에, 별도의 선생님 한 분이 아이 옆에서 같이 수업을 듣고 설명을 해주시고, 학교생활을 도와주셨다. 그리고 정규 수업시간 외에도 아이가 언어적인 부분에서 부족한 것이 많기 때문에 별도로 보충 수업을 받았다.

이러한 과정은 비단 우리 아이가 외국인이기 때문에 주어지는 혜택이 아니다. 어떤 아이든 수업의 이해도가 다른 학생들에 비해 뒤처진다고 여겨지면, 이렇게 따로 한 명의 선생님이 지도를 해주신다. 그리고 이 과정은 아이가 충분히 수업을 따라갈 수 있다고 판단이 되는 시기까지 지속된다. 이러한 세심한 배려 덕분인지 딸아이는 별 무리 없이 수업에 임할 수 있었다.

우리 아이처럼 새로운 환경에 적응해야 하는 경우, 이러한 교육제도는 상당한 도움을 준다. 무엇보다 학생이 혼자서 수업을 받아야 한다는 부담감도 덜고, 선생님들의 관심과 배려가 느껴지기 때문에 우리는 딸아이를 현지 학교에 보내도 어느 정도 안심할 수 있었다. 이 점은 아이 역시 인정하는 부분이기도 하다.

하지만 내가 스웨덴 아이들이 부러웠던 것은, 그리고 우리 아이가 여기 있다는 사실이 참 좋았던 순간은, 아이에 대한 선생님의 배려 때문도 아니요, 우리 아이가 가장 좋아하는 음식인 스테이크가 학교 급식에서 나와서도 아니며(학교 급식에 스테이크가 나왔다고 흥분하던 딸의 모습을 잊을 수가 없다), 우리 아이가 더 이상 영어 카드를 들고 다니지 않아도 될 만큼 영어가 늘어서도 아니다. 바로 넓은 운동장에서 아이들이 자유롭게 뛰어다니는 모습을 보는 순간이었다.

모든 학년의 아이들이 밖으로 나와 소리를 지르고 웃으면서 자유롭게 돌아다니는 모습을 본 순간, 나는 이 나라가 부러웠다. 진심으로 이 나라에서 자라는 아이들이 부러웠다.

스웨덴은 유치원에 다니는 아주 어린 아이들부터 초등학생까지 체육시간이나 점심을 먹고 난 이후에 가지는 자유시간을 제외한 하루의 일정 시간은 무조건 야외에서 활동을 해야 한다. 비가 오든 눈이 오든 바람이 불든 날씨가 어떻든 간에 상관이 없다. 비나 눈이 오면 비옷을 입고 나가서 놀면 된다. 바람이 불어도 비옷을 입고 나가서 놀면 된다. 아무리 추워도 아장아장 걷는 아이들이건 큰 아이들이건 옷만 든든히 입고 나가서 놀면 그만이다. 학교에서도 항상 학부모에게 비옷과 같이 물에 젖어도 상관없는 바지 혹은 여벌의 옷을 챙겨줄 것을 요구한다.

"놀기에 나쁜 날씨는 없다.
단, 놀기 불편한 옷만 있을 뿐이다."

나가기 싫다고 하는 아이들도 있을 수 있다. 이러한 경우 몸이 아픈 경우만 제외하고는 그냥 앉아 있더라도 무조건 밖에 나가야 한다. 하지만 대부분의 아이들은 교실 밖에서 뛰어노는 것을 좋아한다. 특별히 놀이터 시설이 있는 것도 아니지만, 아이들은 나무를 타

스웨덴 학교의 교실 복도에는 아이들
이 야외활동시 입어야 할 옷들이 걸려 있다.

스웨덴에서 야외 수업은 여름에도, 겨울에도 날씨에 상관없이 계속된다.

거나, 나뭇가지를 주워서 나르거나(대체 그걸 왜 나르는지 모르겠으나, 한 아이가 나르면 다른 아이들도 나른다), 어제 파다 만 땅을 다시 파거나(혹은 판 땅에 다시 흙을 퍼 나르거나), 친구들과 삼삼오오 모여서 술래잡기를 한다. 서커스를 배우는지 텀블링을 계속하면서 노는 아이(실제로 서커스를 배우기도 한다), 축구나 농구를 하는 아이들, 어깨를 맞대고 무슨 이야기가 그렇게 재미있는지 마주보고 웃으며 떠드는 아이들……. 아이들 노는 모습을 지켜보고 있으면, 정말 다양하게 그리고 자유롭게 이 시간을 아이들이 즐긴다는 것을 알 수 있다.

물론 선생님들도 아이들과 함께 밖에 나와 계신다. 하지만 근처에서 아이들을 지켜만 보는 것이 전부고, 아이들이 싸우거나 위험한 행동만 하지 않으면, 선생님들은 어떠한 관여도 하지 않는다. 기본적으로 야외활동 시간은 아이들이 원하는 것을 자유롭게 즐길 수 있는 시간이다.

스웨덴 아이들이 노는 것을 보고 있자니, 예전에 봤던 EBS 프로그램이 생각났다.

초등학교 고학년을 대상으로 하는 실험 프로그램이었는데, 주요 내용은 놀지 못하는 우리 아이들에 대한 이야기였다. 방과 후에도 학원에 치여 사는 우리 아이들에게 친구들과 모여서 놀 시간은 없어진 지 오래다. 우리 아이들에게 노는 시간은 학원에서 학원으로 이동하는 시간 혹은 학원에서 쉬는 시간 정도다. 물론 이러한 시간에도 대부분의 학생들은 휴대폰 게임에 열중하고 있다. 이 프로그램에서는 이러한 초등학생 몇 명을 학교 운동장에 모아 놓고, 마음대로 놀아보라고 요구했다. 그리고 우리 아이들의 행동을 일종의 관찰 카메라 같은 것으로 지켜봤다. 그런데 자유롭게 놀아보라고 시간과 장소를 마련해 줬음에도 우리 아이들은 놀지 못했다. 놀기는커녕 서로 의견이 분분해서 결국에는 싸우거나, 그냥 시간을 보내고 앉아 있는 것이었다.

하지만 나는 이것이 비단 TV 속 아이들만의 이야기가 아니라는 것을 안다. 우리 딸아이와 친구들도 어쩌다 시간을 맞춰서 집에 놀러 오면, 드디어 친구들과 놀 수 있다고 그렇게 기대하던 아이들이 막상 만나면, 한다는 말이 고작 "우리 뭐하고 놀까"였다. 그래서 엄마들은 아이들에게 끊임없이 놀 수 있는 거리를 제공해줘야 했다.

그런데 여기 애들은 그냥 잘 논다.

뭐 특별히 장난감이 있다거나 놀이터 시설이 좋다거나 하는 것도 아닌데, 그냥 잘 논다.

이렇게 잘 노는 아이들을 보고 있자니, 왜 우리 아이들은 잘 놀지 못할까 하는 생각이 들었다. 학교든 학원이든 책상 앞 의자에서 엉덩이 뗄 시간이 없는 우리 아이들에게 어쩌면 놀이는, 친구와 마음껏 노는 것은, 익숙치 않은 것이 되어버렸는지 모른다. 아이라면 응당 자연스럽게 뛰어놀아야 하고, 친구들과 뒤엉켜서 신나게 떠들어야 하는데, 그리고 이것이 자연스러운 모습일 텐데, 현재의 우리 아이들은 놀 수 있는 방법을 잊어버렸다. 우리 아이들이 본래 갖고 있던 그 '아이다움'은 어딘가에 빼앗긴 것이 아닐까 하는 생각마저 들었다.

스웨덴의 교육 제도는 우리와 다른 점도 있고, 비슷한 점도 있다. 그리고 우리보다 좋은 점도, 나쁜 점도 있다. 하지만 스웨덴 교육의 가장 큰 장점을 꼽으라면, 나는 아이들이 신나게 뛰어놀 수 있다는 것 그리고 이것을 아이들의 권리로 지켜주고 교육의 중요한 가치로 두고 있다는 점을 높게 사고 싶다.

학교에 가면 교실에 갇혀 있어야 하는 우리 아이들에게 가장 필요한 교육제도는 바로 건강하게 자랄 수 있는 권리가 아닐까? 숨이 찰 정도로 뛰어다니며 놀고 있는 아이들을 보고 있으면, 아이들이 이렇게 건강하게 자랄 수 있게 지켜주는 것이 어른들의 몫이라는 생각에 마음이 무거워진다.

4차 산업혁명을 대비한다고, 창의력 교육을 한다고, 혹은 새로운 디지털 기술을 대비한다는 명목으로 코딩 교육을 도입하고 있는 한국의 교육 현장, 매년 새로운 교육과정 도입에 열을 올리는 교육 당국의 모습을 보고 있자니, 머리도 마음도 혼란스럽다.

현재 우리의 교육 정책은 어디로 나아가고 있는가?

우리 아이들이 대비해야 할 미래가 4차 산업혁명 시대일 수 있고, 디지털 혁명의 시대일 수 있다. 하지만 교육의 근간과 가치는 변화하는 미래가 아니라, 변화되는 세상 앞에서도 흔들림 없이 바르고 건강하게 살아갈 수 있는 인격체를 키우는 것이다. 그렇기 때문에 의무교육이 중요하고, '교육의 권리'라는 가치가 필요한 것이다.

우리 아이들에게 진정한 교육을 받을 권리가 있다고 생각하는가?

직업인으로서 무엇이 되기 이전에, 우리는 의무교육을 통해 건강하고 바른 사회를 만들기 위한 구성원으로 우리 아이들을 키워야 한다.

교실 없는 학교, 교과서가 없는 교실 등 스웨덴의 교육 시스템과 수업 방식에 관심이 많아지고 있다는 것을 안다. 하지만 진정으로 우리가 관심을 가져야 하는 것은(물론 이러한 시스템을 부정하는 것은 아니다), 스웨덴의 교육제도가 갖고 있는 가치다. 아이들을 올바른 시민으로 키우기 위해 그들이 지향하는 가치 말이다. 이러한 가치를 말하지 않고 아무리 선진적인 시스템이나 방식을 받아들인들 과연 무슨 의미가 있을까?

숨이 찰 정도로 거침없이 뛰어다니는 아이들 틈에 우리 아이가 있다. 이제는 제법 높은 나무도 잘 올라타고, 아무리 뛰어도 숨을 헐떡이지 않고, 깊은 물에서 수영하는 것도 겁내지 않는다. 비가 와도, 바람이 불어도, 추워도, 눈이 와도 우리 아이는 여기 스웨덴 아이들 틈에서 같이 뛰어다닐 것이다.

우리 아이들이 살아가야 할 세상은 아마도 비가 오는 날도, 바람이 몹시 부는 날도, 눈이 오는 날도, 화창한 날도 있을 것이다. 하지만 우리 아이들은 그 어떤 날에도 굴하지 않고, 자유롭게, 자신의 삶을 활기차고 아름다운 방식으로 꾸려가야 한다.

우리 아이들이 진정으로 대비해야 할 것은 어른들이 만들어 놓은 시스템이 아니다.

우리 아이들이 학교에서 배워야 할 것은 변화하는 미래에 적응하기 위한 신기술이 아니라, 급변할 것이라 예상되는 어떠한 미래에도 불구하고 변하지 않을 굳건하고 건강한 가치다.

누구나 신나고 재미있게 공부할 수 있다

스웨덴의 문화학교

"한국의 공교육은 무너질 대로 무너졌어요."

우리 아이 또래의 아이들을 데리고 스웨덴에 잠시 살고 있는, 그리고 내 앞에서 커피를 마시고 있는 아이 엄마의 목소리는 단호하다. 그 단호함에 오히려 내가 당혹스러울 정도다.

"정말, 한국 교육이 무너졌다고 생각하는 거예요?"

"언니, 그럼 언니는 한국의 공교육이 지금 정상이라고 보세요? 아이들 학원비가 도대체 얼마나 드는지 알아요? 학원을 보내지 않으면, 학교 수업을 따라갈 수 없고……. 아이들이 학원 끝나고 집에 몇 시에 들어오는지 알아요?"

내 질문에 오히려 눈을 동그랗게 뜨고 반문하는 그녀는 두 아이의 엄마다.

한국에 살 때 우리 아이는 집에서 엎어지면 코 닿을 거리에 있는 학교를 다녔다.

우리 집 베란다에서 항상 아이가 학교를 가는 모습을 쳐다보는 것이 나에게 작은 낙이라면 낙이었다. 가끔씩 아이가 학교 가다 말고 뒤 돌아서서 손을 흔들어 주기 때문에 나는 아이가 학교 안으로 다 들어가서 보이지 않을 때까지 항상 베란다에 서 있곤 했다. 그렇게 4학년 1학기까지 그 학교를 다녔다. 특별히 학원을 보내지도 않았다. 물론 남편은 아이가 5학년이나 6학년쯤 되면 영어학원 정도는 보내야 하지 않겠냐고 상의를 하곤 했다.

아이를 학원에 보내는 것은 우리 부부에게 고민거리 중 하나였다. 저학년까지는 어찌어찌해서 학원을 보내지 않고 버텨왔지만, 고학년이 되면 뒤쳐지지 않기 위해서라도 학원을 보내야 한다는 압박이 찾아오곤 했다. 하지만 영어학원비가 만만치 않았다. 이름이라도 있는 학원의 경우 보통 동네 보습 영어학원보다 비용이 훨씬 높았다. 아이가 한 명 있는 우리도 학원비가 걱정인데, 아이 두 명 혹은 세 명을 키우는 부모들은 학원비를 어떻게 감당하나 싶었다.

"그래서 내가 이 직장을 그만 둘 수 없는 거야……."

다른 지역으로 장거리 출퇴근을 하고 있는 아는 언니의 말이다. 아이 학원비 때문에 일을 그만 둘 수 없다고 푸념을 한다. 본인이 그만 두면 아이도 학원을 그만 둬야 하는데, 그러면 학교 수업을 따라갈 수 없을 거란다.

그런데 문제는 학원비가 국, 영, 수만 들어가는 것이 아니란다. 요새 아이들은 예체능을 배우는 것도 학원을 다녀야 하는데, 어느 정도 학원비가 평준화(?)되어 있는 국어, 영어, 수학 과목에 비해 예체능 학원비는 가격차도 들쑥날쑥하며, 상당히 비싸다는 것이다.

맞다. 우리 어렸을 적에도 예능 특히 악기를 배우는 것은 돈이 많이 들었다. 그래서 엄마는 우리 형제들에게 절대 예능 쪽은 가르칠 능력도 없으니 하지 말라고 하셨다. 엄마의 우려와는 달라서 다행스럽다고 해야 할지, 우리 삼형제에게 예능의 재능은 단 1퍼센트도 발견되지 않았다.

그리고 이 글을 쓰는 날 아침, 나는 우연하게도 교과목 사교육은 줄어들었지만 예체능 사교육은 증가하고 있으며 예체능 사교육비의 계층 간 차이가 증가한다는 기사를 보았다.

교육은 많은 국가들에서 계층 간 이동의 주요 열쇠로 여겨진다.

이 말은 교육을 통해 부모의 계층이나 지위가 자녀에게 세습이 되는 것을 막을 수 있다는 것을 의미한다. 부모가 빈곤해도 모든 아이들에게 보편적인 공교육을 시행한다면 자녀들이 경제적 어려움을 딛고 새로운 환경을 개척할 수 있다. 교육이 이러한 계층 이동의 순기능을 갖고 있기 때문에 많은 국가들이 보편적이고 의무적인 공교육 제도를 중요하게 여기고 확대하는 것이다. 하지만 현대 사회에서 교육은 여전히 계층 이동의 사다리 역할을 하고 있을까? 답은 그러한 국가도 있고, 그렇지 않은 국가도 있다는 것이다.

교육이 계층 간의 격차를 줄이기도 하지만 오히려 계층을 고착화시키는 경우도 있다. 이 말은 부모의 계층이나 지위가 높은 아이일수록 학습 능력과 교육 성취도가 높고, 그 반대의 경우 교육 성취도가 낮아지며 계층 이동의 가능성이 현저히 줄어드는 상태를 의미한다. 이러한 경향이 강하게 나타나는 국가들에서는 오히려 교육이 양극화의 주범이 된다. 대표적인 국가로는 영국과 미국을 꼽을 수 있고, 한국도 여기에 속한다. 거기다 한국은 사교육이라는 거대한 존재가 자리 잡고 있다.

그리고 교육을 통해 계층 간의 격차를 줄이고 사회적 평등을 추구하는 대표적인 국가들이 스웨덴을 비롯한 북유럽 국가들이다. 그런데 교육을 통해 사회적 계층 이동을 촉진시키는 이러한 국가들 안에서도 문제가 되는 것이 있다. 바로 문화적인 유산이다. 고소득층 혹은 고학력 부모가 향유하는 문화적인 배경까지 차단하기가 어렵다는 것이다. 교과목은 공교육을 통해 평등하고 보편적인 가르침을 줄 수 있지만, 부모와 같이 떠나는 여행, 독서 습관, 문화공연 관람 또는 부모들의 자녀에 대한 예체능 교육 투자는 계층 간 차이가 발생한다는 것이다.

학교에서는 평등한 우리 아이들이 집으로 돌아가면 계층이나 배경에 따라 가정 안에서 배우는 생활, 문화, 교육이 달라진다. 그리고 이것은 아동 초기부터 발생하는 격차다. 이러한 지점을 사민주의 국가인 스웨덴에서는 절대 간과하지 않았다.

문화적인 교육, 즉 특정 악기나 체육을 배우는 것은 단지 일부 계층만 향유할 수 있는 교육인가?

그렇지 않다는 것이 스웨덴의 대답이고, 그 해결책이 바로 스웨덴의 '문화학교Kulturskolan'다.

문화학교는 각 지자체 홈페이지에서 학기 초에 접수를 받는다. 여기서 가르치는 과목은 상당히 다양한데, 악기(피아노, 플롯, 트럼펫, 색소폰, 첼로, 오보에, 하프, 리코더, 바이올린, 기타, 드럼), 미디어(애니메이션, 사진, 영상 촬영, 편집), 연극(뮤지컬, 연극, 드라마, 서커스), 미술(소묘, 수채화, 유화, 조각, 만들기), 댄스 등 이것 외에도 상당히 많은 종류의 과목들이 있다. 그리고 수업이 진행되는 장소는 각 지역(우리나라로 치자면, 동마다 있다고 보면 될 것이다)에 있다. 수업을 접수할 때 부모들은 아이의 학교 혹은 집 근처에 있는 문화학교를 선택하거나, 특정 프로그램을 배우고 싶은 경우 지하철로 움직여야 하는 거리의 학교를 선택하기도 한다.

현재 우리 아이 역시 피아노와 플롯을 배우고 있다. 플롯의 경우 아이 학교 근처에서 배울 수 있지만, 피아노의 경우 지하철을 타고 움직여야 한다. 문화학교에서 운영되는 반의 정원은 과목에 따라 다양하지만, 악기 과목을 기준으로 본다면 주로 한 반당 2명에서 3명

■■■ 스웨덴 문화학교의 입구와 댄스, 연극,
음악, 미디어 수업 등을 소개하는 팜플렛.

■■■ 문화학교에서 아이들이 콘서트를 진행
하는 모습.

의 정원으로 이루어져 있다. 그렇다면 문화학교의 비용은 얼마나 될까? 한 과목의 비용은 일주일에 한 번 30분 배우는 것을 기준으로 한 학기에 750크로나 정도(한화로 약 9만 원 내외)이다. 물론 시간을 연장하는 경우 가격은 올라간다. 그리고 이러한 비용은 부모의 소득에 따라 달라지는데, 부모의 소득이 낮은 경우 문화학교의 비용은 낮아진다(무료인 경우도 있다).

수업 비용만 저렴한 것이 아니라 악기 역시 아주 저렴한 비용에 대여가 가능하다. 현재 우리 아이는 플롯을 대여해서 배우고 있는데, 대여하는 악기라 해서 상태가 안 좋을 거라는 생각은 오산이다. 그리고 문화학교는 학생의 나이를 넘어 22세까지 이용할 수 있다.

예능교육 뿐만이 아니다. 스웨덴은 많은 곳에서 아이들을 위한 스포츠클럽을 운영하고, 그 비용 역시 저렴하다. 고학년의 경우 학교 자체에서 스포츠클럽 활동을 따로 운영하기도 한다. 워낙 아이들의 신체 활동에 대한 교육적인 측면에 관심을 많이 두는 국가이기 때문에 아이들에게 무료로 혹은 저렴한 비용으로 농구, 축구, 수영 등의 수업을 제공한다. 예체능의 사교육비가 점점 증가하고 있는 우리와 사뭇 비교되는 현실이다.

스웨덴에서 한국 엄마들을 만나면 으레 나오는 이야기가 바로 교육이다. 그리고 대부분의 엄마들은 한국 공교육에 대해 회의적인 입장을 가지고 있다. 그들을 만나면 나의 머릿속은 더 어지러워진다. 나도 아이를 키우는 엄마이기 때문이다. 그리고 우리 교육의 문제는 비단 교육만의 문제가 아니라 사회가 갖고 있는 경쟁, 이기주의, 경멸과 조롱 그리고 차별과 연관된 것임을 알고 있기에 나의 마음은 더없이 혼란스러워진다.

나는 한국의 엄마들이 자녀를 위해서 대안적인 교육 방법을 모색하는 것을 이해한다. 하지만 그렇다고 '대안학교'가 우리 교육의 대안이 될 수는 없다고 생각한다.

이것은 내가 대안학교를 폄하하거나 인정하지 않는다는 뜻이 아니다. 나는 다양한 교육 방법 역시 중요하고 필요하다고 생각한다. 하지만 나는 공교육이 바로 서지 않는 상황에서 대안학교는 일부 계층에게만 허용되는 '대안'이 될 수 있음을 지적하고 싶다.

더 나은 학원을 찾아 끊임없이 경쟁의 소용돌이 속으로 아이들을 떠미는 것과 같이, 공교육이 무너졌다 해서 대안학교만 찾는 것은 사교육 시장의 문제를 방조하는 것이고, 계층 이동을 촉진하는 공교육의 순기능도 포기하는 것이다. 기본적인 교과목에서 예체능에 이르기까지 공교육을 누구에게나 보편적이고 평등한 하나의 '권리'로서 바로 세우는 것이 우리 교육을 위한 진정한 대안이 될 수 있다.

우리나라의 공교육이 무너졌다고 단언하던 엄마는 가고, 나는 카페에 앉아서 길거리에 지나다니는 사람들을 쳐다본다.

스톡홀름의 가을이 깊어진다. 여기에서 두 번째 맞이하는 가을이다.

왜 우리 아이들은 학교에 가는가
지식이 아니라 '삶'을 배우는 학교

"나무는 타는 것이 아니다."

외할머니가 그러셨다. 나무를 타고 놀고 있으면 저 멀리서부터 외할머니는 손사래를 치며 허겁지겁 달려오시곤 했다. 어서 내려오라고, 절대 나무를 타서는 안 된다고. 나무 타다 떨어지면 큰일 난다고.

저 윗동네 누구네 아들이 감 딴다고 감나무 타다 떨어져 바보 되었고, 아랫동네 누구는 술에 취해 나무에 올라가다 떨어져 죽었다고 할머니는 겁을 주시곤 했다. 유독 우리 동네에 나무를 타다 다친 사람들이 많았던 것인지, 나무든 담벼락이든 올라타는 것을 좋아하는 나에게 주의를 주려는 할머니가 지어내신 이야기인지 잘 모르겠으나, 학교에 들어가고 나이를 먹으면서 나무 타는 일은 거의 없어졌다. 내가 어렸을 때는 나무도 타고 달리기도 잘했다고 이야기하면, 남편은 절대 믿을 수 없다는 듯이 쳐다보곤 한다.

아무튼, 나무는 올라타면 안 되는 것이었다.

하지만 지금 내 딸은 열심히 나무를 타고 있다. 우리 동네 근처에는 큰 숲이 있다. 딸아이를 데리고 일주일에 한두 번은 산책을 다니는데, 꼭 이 나무만 보면 참새가 방앗간 그냥 지나치지 못하듯 딸아이는 나무에 오르고 만다. 그리고 그 곁에서 딸아이보다 한참은 어려 보이는 꼬맹이들 서너 명도 같은 나무를 올라탄다. 이쯤 되면 나무가 몸살이 날 것만 같다.

처음에 나는 나무에 오르는 딸아이를 안절부절못하며 지켜보고 있었다.

"그만 내려와, 더 올라가지 마." 이러면서 아이에게서 눈을 뗄 수가 없었다.

하지만 이제는 아이가 나무를 타면, 나무 아래에 편히 앉아서 기다린다. 한번 나무를 탄 아이는 금방 내려오지 않는다는 것을 알기 때문이다. 나무 밑에는 나처럼 아이를 기다리는 엄마, 아빠들이 종종 서 있곤 한다.

스웨덴 나무들은 크고 두껍다. 가지도 많고, 구불구불 자라는 것들도 많아서 아이들 놀이터로 제격이다. 나무를 좋아하는 딸은 아예 책을 가지고 올라가 그 위에서 읽기도 한다. 정말 아이가 딱 등 대고 책 보기 좋게 자란 나무들이 있다. 신기할 정도다. 물론 내가 올라가서 앉으면 엉덩이가 아프다. 아이들 맞춤형 의자인 셈이다.

우리 딸이 처음부터 나무를 잘 탄 것은 아니다. 아예 나무를 탈 줄

■ 나무에서 책을 보는 도연이. 어쩌면 저
렇게 책 읽기 딱 좋은 나무가 있을까.

도 몰랐다. 겁도 많고, 도시에서만 살던 딸아이에게 나무를 탈 기회
는 거의 없었다. 하지만 여기 와서 친구들과 놀다 보니 나무를 타게
된 것이다. 친구들과 술래잡기를 할 때 달리기를 워낙 잘하는 딸아
이가 술래가 되면 모든 아이들이 속절없이 잡히는데, 아이들이 나
무로 도망치면 나무를 못 타는 딸아이는 그저 나무 아래서 올려다
보며 속만 태우기 일쑤였다. 그런데 이제는 나무까지 잘 타니, 딸아
이가 술래가 되면 다른 아이들이 실망하는 소리를 낸다.

"맙소사, 이제 우린 다 죽었어!"

여기 스웨덴에 오기로 결정을 했을 때, 주변 반응은 축하와 우려
반반이었다.

우려를 해주시는 분들은 대부분 아이 때문이었다. 외국에 나가본
아이들이 나중에 한국에 돌아가야 할 때 가지 않겠다고 버틴다는
것이었다. 한 분은 자신의 지인 경험을 이야기했는데, 아이 아빠가
해외로 발령이 나서 가족이 함께 외국에 나갔다가 3년 뒤 돌아가야
할 때 아들이 절대 안 돌아간다 했다고 한다. 억지로 데리고 한국에
돌아오긴 했지만, 시간이 지나도 학교에 적응하지 못해서 결국 엄
마와 아이만 다시 나가게 되었다는 이야기를 하셨다. 한국과 외국
의 교육 환경이 너무나 다르기 때문에 아이들 대부분이 나중에 한
국으로 돌아오는 것을 힘들어 한다는 것이었다.

그렇다면 왜 우리 아이들은 한국에 들어가기 싫다고 할까?

그렇다. 바로 학교 때문이다.

한국에서 초등학교까지 다니다 여기 스웨덴에서 중학교를 다니는 내가 아는 한 아이 역시 절대 한국에 가고 싶지 않다고 했다. 본인은 한국에 있을 때 초등학생이었지만 밤 11시까지 학원에 다녔다는 것이다. 다시는 그러한 곳에 가고 싶지 않다는 아이의 말에 솔직히 공감이 갔다. 아이가 얼마나 힘들었을지 말이다.

물론 그렇다고 그 아이의 부모에게 왜 아이를 늦게까지 학원에 보냈냐고 마냥 비판할 수는 없다. 아이 부모도 나름 사정이 있다. 우선 맞벌이였기 때문에 아이를 돌봐줄 사람도 없었고, 그리고 다른 아이들도 다 다니는 학원에 우리 아이만 보내지 않는다는 것이 두려웠단다. 많은 학원에 보내는 것이 아이에게 힘들 거라는 사실을 잘 알고 있지만, 그렇다고 학원을 보내지 않고는 딱히 대안도 없었기 때문이다.

한국에서는 딸아이의 또래 친구들 중 대부분이 저녁 늦게까지 학원을 다녔다. 그나마 우리가 살던 도시가 작은 도시이기 때문에 저녁 늦게라도 집에 들어오는 것이지, 또래인데 서울에 사는 한 아이는 밤인지 새벽인지 모를 자정 12시를 넘어서 집에 들어오는 요일도 있다고 했다. 물론 나는 이러한 한국의 현실을 절대 딸아이에게 이야기해주지 않았다. 지금은 순순히 한국에 가겠다고 하는 딸아이의 마음이 변할까 싶어서였다.

학교가 싫어서 한국에 가기 싫다고 하는 아이들을 보면 마음이 무겁다.

나는 교육정책 전문가는 아니다. 그래서 이번 글을 쓸 때는 고민을 조금 했다. 사회정책만 말해도 할 이야기가 많은데 굳이 내 전문 분야도 아닌 교육정책을 이야기해도 될까 하는 마음이 들어서였다.

그럼에도 지금 나는 교육정책에 대해 이야기해보려 한다. 굳이 이유를 들자면, 사회정책을 공부하면서 사회정책이 올바르게 시행되려면 시민들이 정책을 분명하게 이해해야 하고, 그 시작점이 바로 교육이라는 것을 절감했기 때문이다. 또 다른 중요한 이유는 바로 내가 한 아이의 엄마이기 때문이다. 그렇다. 바로 내 아이가 현재 학교를 다니고 있고, 앞으로도 학교를 다녀야 하기 때문이다. 그래서 나는 우리나라의 교육정책에 꾸준히 관심을 가질 수밖에 없다.

우리 아이들은 왜 학교에 갈까?

한참을 고민하다, 현재 학교에 다니고 있는 우리 딸의 도움을 받기로 했다.

"도연아, 너는 왜 학교에 가?"

"학교에 왜 가냐고요? 엄마도 참, 학교는 배우러 가죠."

무슨 그런 질문이 있냐는 투로 아이는 쉽게 대답을 한다.

"그래? 그럼 어떤 것을 배우러 가는데?"

여전히 의아한 표정을 지으며 딸은 이렇게 대답했다.

"우리가 살아가는 데 필요한 지식을 배우러 가죠."

"그렇구나, 학교는 우리가 살아가는 데 필요한 지식을 배우는 곳이구나!"

나의 감탄에 딸아이는 왜 그렇게 당연하고 쉬운 사실을 엄마가 모르는지 이해가 안 된다는 눈빛으로 나를 바라봤다.

살아가는 데 필요한 지식을 배우는 곳, 딸아이가 내린 학교의 정의다. 딸아이가 한 말에서 나는 놀랍게도 바로 18세기 유럽의 사상가인 루소Jean-Jacques Rousseau가 그의 역작《에밀Émile ou De l'éducation》에서 했던 말을 떠올렸다.

"나는 아이들에게 살아가는 방법을 가르쳐주고 싶다."

18세기 유럽 사회는 자본주의와 시장 질서의 강력한 지배를 받고 있던 시대였고, 교육 역시 시장의 주문에 따라 상품을 만들어내듯 자본주의에 적합한 인간을 생산하는 곳이었다. 시장에 필요한 인간을 만들어 내는 곳, 그곳이 바로 18세기 유럽의 학교였다.

프랑스 사상가 루소는 당시 교육의 현실과 폐단을 절감하고 아이들을 그러한 교육 현장 속에 내몰고 있는 사회와 부모를 비판했다. 그 비판이 담긴 책이 바로《에밀》이다. 이 책은 쉽게 말하면 '에밀'이라는 아이의 성장 소설이라 할 수 있다. 에밀이 초등학교를 거쳐 고등학교까지 받은 교육 현장의 모습을 보여줌으로써 인간에 대한 존중과 소중함을 배우기보다 지나친 경쟁 의식과 지식 습득만 강요하는 교육의 현실을 통렬하게 비판한 책이라 보면 된다.

시대적 상황은 다르지만, 18세기 유럽 학교의 모습이 마치 현재 우리의 학교 교육을 연상시킨다.

딸아이와 그 친구들이 학교 카페에서 옹기종기 앉아 있었다.

나는 딸아이 친구들에게 사과주스를 돌리며, 혹시 내가 하는 질문에 대답해줄 수 있는지 물어봤다. 아이들은 사과주스를 마시며, 흔쾌히 좋다고 했다.

나는 딸에게 한 질문을 그대로 아이들에게 했다.

"너희들은 왜 학교에 다니니?"

대답은 다양했다. 하지만 주로 딸아이 말처럼 학교는 배우기 위해 오는 곳이라고 이야기했다.

그런데 무리 중 가장 작은 아이(이 아이의 꿈은 소설가다)가 수줍게 이야기했다.

"나는 친구가 있어서 학교에 와요."

이 말에 다른 아이들이 엄지를 치켜 들며 다들 동의했다. 실은 본인들도 친구 때문에 학교에 다니는 것이라 했다. 배우기 위해서도 오지만 친구가 없다면 정말 오기 싫었을 거라고 했다.

"솔직히, 나는 친구에게 배우는 것이 더 많은 거 같아."

■■■ 스웨덴 학교에서 진행되는 교실 수업
과 야외 수업 현장.

환경과 소수자 인권에 관심이 많은 남자아이 말에 다른 친구들도 의견을 보탰다. 어려운 상황에서 친구의 도움을 받았을 때, 친구와 이야기하며 본인이 몰랐던 것을 알았을 때, 심지어 친구와 싸움을 하는 와중에도 배운 것이 있다고 했다. 친구를 통해서 배우고, 친구와 같이 배울 수 있기에 내 딸아이와 친구들은 학교에 다닌다.

예전에 나는 우리 교육의 문제가 제도의 문제라고 생각했다. 하지만 정말 우리 교육의 문제가 제도의 문제일까? 그렇다면 제도를 보완하거나 혹은 '교육 선진국'이라 불리는 스웨덴이나 핀란드의 교육 정책을 도입하면 해결이 될까? 제도만 잘 정비되면, 문제가 사라질까?

하지만 우리 교육의 문제는 바로 학교에서 '친구'가 사라지고 있다는 것이다. 우리 아이들 곁에는 친구 대신 경쟁자만 있다.

친구가 보고 싶어 학교에 온다는 아이들, 그리고 친구를 통해 서로 다름에 대해 이해하고 더 많은 것을 배운다는 아이들과는 사뭇 대조된다.

어린 나이에서부터 시작되는 조기교육 열풍, 사회에 만연한 학력제일주의, 교육 성과 우선주의, 지나치게 과열된 입시 경쟁, 이미 감당할 수준을 넘어 공교육을 위협하는 사교육의 성장 그리고 지옥이라 비유되는 학원, 과외, 끊임없는 수업 속에서 희생되는 우리의 아이들…….

과연 우리 아이들은 학교에서 무엇을 배우고 있을까?

현재 우리 교육과 사회는 아이들에게 오로지 대량소비, 학력 제일주의, 약자에 대한 멸시, 역사와 문화에 대한 경시, 만인의 만인에 대한 경쟁만을 미래로 제시하고 있지는 않은지 가슴 깊이 반성해봐야 한다. 더 이상 우리 아이들을 이러한 교육 현실의 희생양으로 내몰 수는 없다.

《분노하라Indignez Vous!》의 저자인 스테판 에셀Stéphane Frédéric Hessel은 교육은 지식을 전달하는 것이지만 '무엇이 지식인지' 알려주는 것이 중요하다고 말한다. 즉 '올바른 지식'을 가르쳐야 한다는 것이다. 독단주의, 망상, 오류, 멸시는 절대 올바른 지식이 아니다. 그가 말하는 올바른 지식이란 휴머니즘을 바탕으로 인간에 대한 이해를 교육함으로써 연대와 박애를 실천하고, 더 나아가 본인 스스로의 정체성을 파악하고 타인과의 차이점을 인식할 수 있는 힘을 의미한다.

스테판 에셀은 우리 아이들이 교육을 통해 자신의 삶과 공동체에서 마주할 수 있는 두려움과 불안에 맞서는 방법을 배워야 한다고 이야기한다. 나는 이 말에 진심으로 동감한다. 그리고 우리 아이들이 삶과 공동체에 대해 마주하는 기회는 바로 다양한 사고와 인성을 가지고 있는 친구들을 통해 가질 수 있다. 우리의 아이들은 학교에서 시민으로서 타인과 이울려 살아가는 방법을 배워야 한다. 입시지옥에서 폭력에 노출되고 경쟁에서 이기는 것만이 성공의 열쇠라고 배우는 곳은 더 이상 학교가 아니며, 그것을 교육이라 할 수 없다.

우리 아이들은 학교에서 자신의 삶을 행복하게 살아갈 수 있는 방법을 배워야 한다. 교육이 변하지 않으면 정책은 변화될 수 없으며, 결국 사회는 변화되지 않을 것이다.

교육의 현실에 대해 아마 많은 사람들이 각자 자신의 의견을 갖고 있을 거라 생각한다. 하지만 나는 그 어떤 사람도 경쟁을 부추기고, 약자를 멸시하며, 휴머니즘과 연대를 잃어버린 교육이 진정한 교육이라 생각하지 않을 것이고, 어느 누구도 이것을 원하지 않을 것이라 믿는다.

한 사람의 소중하고 행복한 삶에 필요한 보편적인 가치와 정면으로 충돌하는 제도는 더 이상 제도가 아니며, 충돌하는 상황에서 중립이란 있을 수 없다. 우리 아이들의 삶과 인간 존중에 대한 가치와 충돌하는 제도는 더 이상 교육정책이라 할 수 없다.

우리 딸아이가 여기 와서 배운 것은 비단 나무 타기와 언어뿐만이 아니다. 딸아이는 자연을 통해 그리고 친구들을 통해 살아가는 데 필요한 지식을 배우고 있다. 몸으로 마음으로 배우고 있다. 친구를 사랑하고 존경하는 것을 배우면서 우리 아이는 타인을 이해하고 존중하는 방법을 배우고 있다. 바로 학교에서 말이다.

우리의 학교도 이래야 한다.

스웨덴 교육제도를 살피러 많은 연구자들과 정책 입안자들, 교육 담당자들이 온다.

하지만 과연 우리 교육의 문제가 제도의 문제일까?

우리 아이들은 현재 학교에서 사회에서 그리고 어른들에게서 '행복하게 살아가는 방법'을 배우고 있는 것일까?

스테판 에셀의 말을 이 글의 마지막으로 대신하고자 한다.

"부정의에 분노하고, 그것을 해결하기 위해 참여하며, 희망적인 결과에 대해 낙관하라. 그리고 삶의 희망을 잊지 말라."

우리 아이들에게 삶의 희망을 가르쳐주자.

5장

우리는 모두
다르면서도 같다

이민자

이민자를 위한 교육은 따로 없다
그들이 어울려 살아갈 수 있는 이유

프레스비론Pressbyrån은 스웨덴에서 가장 많이 볼 수 있는 편의점이다. 우리나라 편의점처럼 다양한 음식을 팔지는 않지만, 여기서 아침에 파는 커피와 빵은 저렴할 뿐 아니라 맛있다. 특히 갓 나온 빵과 갓 내린 커피 냄새가 솔솔 풍겨 나오는 프레스비론 앞을 나는 그냥 지나치지 못한다. 아침을 든든히 먹고 나왔음에도 불구하고 오늘도 나의 손에는 시나몬 빵과 커피가 들려 있다.

프레스비론 맞은 편에는 오쎄 북센짐나지움Åsö vuxengymnasium이 있다. 여기는 우리나라로 치자면 성인들을 위한 교육기관, 즉 평생교육기관이다. 현재 나는 오쎄 북센짐나지움에서 영어 수업을 받고 있다. 더욱이 이번 수업의 주제는 문학이고, 우리 조가 선택한 주제는 '스웨덴 여성들의 작품Swedish Women's Writing'이다. 내가 이 수업을 등록한 이유는 이민자들을 위한 스웨덴 교육 시스템이 궁금해서였다.

스웨덴어 교육기관인 SFI(Swedish for Immigrants)는 스웨덴에 들어온 이민자들에게 제공되는 무료 어학 교육시설이다(일정 기간의 비자를 소지한 모든 사람들이 스웨덴어 수업을 들을 수 있다). 해외에서도 상당히 유명한 SFI는 이민자들의 언어적인 어려움을 해결하는 데 많은 도움을 주는 스웨덴의 대표적인 이민자 교육기관이다. 나 역시 SFI 기관을 방문하고 등록해서 단기간이기는 하지만 교육도 받아봤다.

하지만 나는 그 이후 과정도 궁금해졌다. SFI에서 제공하는 모든 교육과정은 빠르면 1년 늦어도 3년 안에 수료할 수 있다. 그렇다면 SFI를 수료하고 난 이후 이민자들은 어떤 교육을 받는 것일까?

물론 대부분의 이민자들은 SFI 과정을 마치고 취직을 한다. 그리고 실제 SFI는 교육과정을 마친 학생들을 대상으로 취업을 알선해주기도 한다. 이 교육과정을 마친 학생이 취업한 사업장에는 정부 보조금도 제공이 된다. 하지만 SFI에 다니는 대부분의 사람들은 주로 시리아에서 온 전쟁 난민들이다. 이들은 특별히 내세울 기술도 없고 교육수준도 낮은 사람들이 대부분이다. 10대 후반이나 20대 초반도 상당히 많다. 이들이 단순히 언어만 배운다고 노동시장에 수월하게 진입할 수는 없다. 물론 언어가 중요하지 않다는 말은 아니다. 하지만 교육수준이 낮고 기술도 없는 이들이 진입하는 노동시장은 여기가 아무리 스웨덴이라고 해도 저임금 일자리이거나 파트타임 일자리일 수밖에 없다. 실제로 SFI에서 언어를 익힌 젊은 이민자들은 주로 음식점이나 호텔과 같은 서비스 직종으로 취업이 되고 있다.

물론 스웨덴에서 제공하는 무료 언어 교육은 다른 나라에서는 찾아보기 힘든 제도다. 북유럽 중에서도 이렇게 보편적으로 이민자들에게 언어 교육 서비스를 제공하는 국가는 없다. 그럼에도 언어는 이곳 스웨덴에서 살아가기 위한 시작 단계에 불과하다. 스웨덴에 들어오는 전쟁 난민 중에는 유난히 10대가 많은데 이들은 아직 한창 교육을 받아야 하는 나이이기도 하다. 물론 학령기 아이들은 스웨덴 학교로 들어갈 수 있다. 하지만 이미 중고등학교 다닐 나이가 지난 10대 후반이나 20대 초반 젊은이들은 어떻게 스웨덴 노동시장에 진출할 수 있을까? 또는 SFI 과정 이후 취업보다는 기술을 배우고 싶다거나 대학교에 진학을 하고 싶다면 어떻게 해야 할까?

스웨덴은 모든 시민들에게 대학교(원)까지 무료 교육을 제공한다. 지금 내가 커피와 빵을 들고 들어서는 이곳(오쎄 북쎈짐나지움) 역시 무료다. 한번 체험을 해보자는 마음에 온라인으로 등록을 했는데, 운 좋게도 집 근처로 배정을 받았다. 도연이 학교 바로 근처라서 아이와 같이 등하교 하기에도 딱 좋은 장소였다. 여하튼 수업이 있는 날은 이렇게 아침 일찍 학교에 나와서 편의점 커피를 마시며 시간을 보내는 것이 나의 낙이다. 여기는 일반 고등학교와 성인 교육 기관이 같이 있는 곳이라 성인 교육과정을 체험하는 동시에 이곳의 고등학교 학생들 생활도 살펴볼 수 있다.

성인 교육기관 오쎄 북쎈짐나지움은 이민자들이나 난민들 그리고 여러 가지 이유로 고등교육을 받지 못한 친구들이 다시 정규 수업을 받는 곳이다. 여기서 고등학교 과정을 마치면 바로 직업 교육을 받고 취업 전선에 뛰어들기도 하고, 대학 진학을 위해 우리나라로 치자면 수능을 준비하는 반도 있다. 이민자들을 위한 교육을 생각하고 이곳에 왔는데, 막상 와 보니 이민자들 외에도 다양한 이유로 이곳을 찾은 사람들이 많았다.

그럼, 우리 반 친구들을 소개하겠다.

우선 우리 반에서 가장 연장자인 일본계 스웨덴 사람 다로 할아버지가 계시다. 영국의 시인 조지 고든 바이런을 좋아하는 할아버지는 초등학교 때 부모님을 따라 스웨덴에 와서 노르웨이 여성을 만나 결혼해 딸 하나 아들 하나를 낳고, 그 아이들이 성인이 되어 결혼을 한 뒤로는 외손녀를 돌보는 것을 큰 낙으로 삼고 계신다. 바이런의 시를 열심히 낭독 중이신 다로 할아버지는 바이런의 시를 좋아하는 것인지 미남이고 뭇 여성들에게 상당히 인기가 많았던 바이런의 연애사를 좋아하는 것인지 다소 헷갈리기는 하지만, 어쩌면 우리 반에서 가장 문학적인 감수성을 갖고 계신 분이다. 전직 회계사인 부인을 세상에서 가장 무서워하고, 같은 반이 결혼을 앞둔 마리아에게 결혼은 정말 미친 짓이라고 이야기하며 주위를 아연실색하게 만드는 장본인이기도 하다.

빨간 머리의 마리아는 시리아에서 온 26살 아가씨다. 스웨덴에 온 지 5년이 넘었고, 스웨덴어를 정확하게 구사하며, 대학에 가서 경제학을 공부하는 것이 목표다. 수업이 없는 날은 식당에서 일을 하는 우리 반 최고의 우등생이다. 하지만 결혼은 미친 짓이라고 말하는 다로 할아버지와 앙숙 관계다. 다로 할아버지는 마리아가 너무 말이 많아서 결혼할 남자가 불쌍하다고 나에게 말했고, 마리아는 다로 할아버지가 바람둥이 같다고 나에게 흉을 봤다. 아무튼 서로 흉을 보고 다니는 사이인데 정말 둘 나이차를 생각하면 웃음만 나온다.

이스라는 이란에서 온 두 아이의 엄마이다. 이스라를 처음 봤을 때, 이슬람 여성들이 입고 다니는 차도르 때문인지 그녀가 상당히 조용할 것이라 생각했었다. 그런데 그런 나의 예상은 수업 중간쯤 되었을 때 빗나가고 말았다. 다로 할아버지의 썰렁한 농담을 듣고 이스라가 웃기 시작하는데, 나뿐만 아니라 다른 친구들도 놀라는 눈치였다. 이스라의 웃음소리는 흡사 연기자 전원주 씨의 웃음소리 같았다. 우리는 다로 할아버지의 농담이 아니라 이스라의 웃음소리 때문에 다 같이 웃을 수밖에 없었다. 유쾌한 이스라는 이 과정을 마치고 간병인 교육을 받을 생각이다. 그래서 요양기관에 취직하는 것을 목표로 삼고 있다. 내가 보기에 유쾌한 이스라는 간병인이 적성에 잘 맞을 거 같다. 성격 좋은 이스라는 반 모든 사람들과 다 친하다.

전직 메이크업 아티스트였던 한나는 역도 선수와 같은 체격을 갖고 있는 스웨덴 여성이다. 우리 반 군기 반장이기도 한 그녀는 항상 맨 앞에 앉아서 수업을 듣는 열정적인 학생이다. 문제는 아침마다 운동을 다니는 것 같은데, 샤워 후 머리를 말리지 않고 바로 자리에 앉아서 내가 그 뒤에 앉아 있는 날이면 그녀의 머리에서 내 책상 위로 물이 뚝뚝 떨어진다는 것이다. 예전에 파리에서 일할 때 한국인 아티스트들을 많이 만났다고 하며 아티스트 이름을 줄줄 말하는데, 내가 아는 사람이 단 한 명도 없어서 민망했던 기억이 난다. 아무리 같은 한국인이라 해도 내가 메이크업 아티스트까지 알 리는 만무하지 않은가. 한나는 케이팝K-Pop에도 관심이 많았다. 재혼을 한 한나는 요새 '보너스 아들' 때문에 몹시 바쁘다(재혼한 남편의 아이들을 한나는 보너스 아이들이라고 했다. 스웨덴에서는 재혼해서 생긴 상대편 아이들을 '보너스 아이'라고 부르곤 한다). 다섯 살 꼬맹이가 요구 사항이 보통 많은 것이 아니란다. 하루는 아무래도 이 꼬맹이가 이전 엄마한테 가정 교육을 잘못 받은 거 같다고 살짝 흉을 보기도 했다.

한나는 직업을 바꾸기 위해 공부하는 중이다. 그녀가 하고 싶은 직업은 바로 물리치료사다. 나는 왠지 메이크업 아티스트보다 물리치료사가 한나에게 더 어울린다는 생각이 들었다. 참견을 좋아하시는 다로 할아버지는 나중에 나에게 조용히 한나에게 어울리는 직업은 아이스하키 선수나 역도 선수라고 말씀을 하셨다. 물론 나도 속으로 동의를 했지만, 할아버지에게는 조심하라고 경고를 했다. 한나가 들으면 할아버지를 창문 너머로 던져 버릴 수도 있다고 하면서 말이다.

모나는 우리 반 막내인데, 고등학교를 중퇴하고 놀다가 마음을 잡고 다시 공부 중인 흥이 많은 10대 청소년이다. 쉬는 시간마다 음악을 듣는데, 젊어서 참 예쁘다라는 말이 절로 나오는 학생이다. 이외에도 다양한 사연과 목표를 갖고 수업을 듣는 친구들이 서너 명 더 있다. 이들 모두 모나와 같이 대학 진학을 위해 공부하고 있는 10대들이다.

이들 중 마리아와 이스라는 스웨덴어 교육기관인 SFI 교육과정을 다 마치고 이곳에서 공부를 하고 있고, 다른 친구들은 대학 진학을 위해 혹은 직업 전문학교 진학을 위해 이곳을 다니고 있었다. 상대적으로 이민자들이 많은 것이 사실이지만, 실제로는 다양한 목적과 이유로 이곳을 찾으며 사람들도 각양각색이다.

SFI가 이민자들에게 스웨덴어를 가르쳐주는 특별한 목적이 있는 기관인 반면, 성인 교육기관은 교육을 받기 원하는 사람이라면 누구나 언제든 찾아올 수 있는 곳이다. 여기서 내가 강조하고 싶은 것은 언어 교육을 마친 이민자들이 진학하는 교육기관은 이민자들만을 위한 것이 아니라 보편적으로 모든 사람에게 열려 있는 스웨덴 교육기관이라는 것이다.

스웨덴은 유럽 안에서도 이민자의 수가 많은 국가에 속한다. 절대적인 숫자는 독일이 가장 많지만, 전체 인구 대비 이민자 유입의 비율은 스웨덴이 압도적으로 많다. 그만큼 다양한 국적을 가진 사람들이 스웨덴 사회에 모여 산다는 의미이기도 하다. 스웨덴에 들어오는 이민자들 중에는 취업을 해서 오는 경우도 있지만, 전쟁 난민과 같은 특수한 상황 때문에 이 나라로 들어오는 경우도 많다. 스웨덴은 전쟁 난민을 많이 받아들인 국가이다. 특히 사민당이 이민에 개방적이고, 전쟁 난민에 대해 대단히 관용적이다. 다문화·다인종에 대한 이들의 관용적인 태도는 스웨덴 좌파정당들이 국제주의를 지지하기 때문이라는 해석도 있고, 이들이 지향하는 복지국가의 기본 이념이 보편주의 그리고 평등이기 때문이라는 시각도 있다.

사민주의의 이념적 전통이든 혹은 인간적인 연민이든 스웨덴은 난민을 많이 받고 있는 나라다. 물론 내가 살고 자란 곳이 아니기 때문에 결코 좋은 일들만 있었다고 할 수는 없을 것이다. 스웨덴에 사는 이민자들이 외모로 인한 편견과 차별을 안 겪어봤다면 거짓말일 것이다. 하지만 스웨덴은 다양한 국적과 언어를 가진 이민자들의 사회 통합을 위한 정책적 노력을 상당히 많이 한다. 대부분의 이민자들은 의료와 교육 서비스를 자국민과 대등하게 받을 수 있다. 특히 교육은 이민자들이 이 사회에 적응하는 데 있어 아주 중요한 열쇠이며, 이들이 취업하기 위한 수단이기도 하다. 그래서 스웨덴은 모든 이민자들에게 평등한 교육의 기회를 제공한다.

교육은 기회의 상징이다. 전쟁 난민으로 이곳에 와서 새로운 삶을 시작하려는 사람들에게도, 중단했던 학업을 다시 시작하고 싶은

젊은이들에게도, 혹은 직업을 바꾸기 원하는 사람들에게도 스웨덴
의 교육은 기회를 준다.

　한참 수업 중인데, 교실 창 밖이 시끌벅적했다. 우리 교실 반대편
건물이 일반 고등학교인데, 그곳에서는 졸업식이 한창이었다. 스웨
덴은 고등학교 졸업식이 대학교 졸업식보다 더 소란스럽다. 고등학
교를 졸업하는 것은 완전한 성인의 독립을 의미하기 때문에 졸업식
의 가치도 남다르다. 졸업생과 재학생 그리고 가족들이 한 곳에 모
여 축하를 하느라 정신이 없다. 더욱이 부모들은 자녀들의 어렸을
적 사진을 크게 확대해서 피켓으로 들고 다니기도 한다. 이렇게 어
렸던 우리 아이가 이제 성인이 되었다는 것이다.
　수업은 자연스럽게 중단이 되고, 우리는 다 같이 창문에 매달려
졸업식 현장을 바라보았다.
　내 옆에 있던 다로 할아버지가 자신의 아들은 졸업식 때 엄청 울
었다고 한다. 뭉클한 마음이 들어서 아들이 많이 감격스러웠나 보
다라고 하니, 그게 아니란다. 아들이 한 살 때 집에서 옷 벗고 물놀이
하던 사진을 크게 확대해서 들고 갔더니 그것을 보고 너무 창피해
서 울었단다. 다로 할아버지의 아들이 안쓰러웠다. 인생에 단 한 번
뿐인 졸업식을 울면서 보냈다니…….
　내 다른 쪽 옆에는 모나가 서 있었다. 또래 아이들 졸업식을 보고
있는 모나를 보니 안쓰러운 마음이 들었다. 이 아이도 제때 학교를

스웨덴의 한 고등학교에서 진행하는
졸업식 현장.

다녔다면, 저렇게 행복한 졸업식을 했을 텐데……. 그런 나의 마음을 눈치챘는지 나와 눈이 마주친 모나는 활짝 웃으며, 다시 이어폰을 귀에 꽂는다. 그러고는 음악에 맞춰 몸을 움직인다.

어느덧 졸업식이 막바지에 이르렀는지 졸업생들은 환호성을 지르며 본인들이 쓴 하얀 모자를 파란 하늘을 향해 힘껏 던졌다. 폭죽이 터지고, 팡파르가 울려 퍼졌다. 창에 쭉 매달려 있던 우리도 덩달아 소리치며, 박수를 쳐줬다. 아마 다들 한 마음일 것이다. 6월의 파란 하늘만큼 푸르른 저 젊은이들의 생을 축하한다. 그리고 저들이 겪을 삶을 축하한다.

누구는 졸업이 끝이라고 하고 누구는 또 다른 시작이라 이야기할 것이다.

약간 다른 방식의 학교이기는 하지만, 지금 이곳에 있는 우리 역시 또 다른 시작점 앞에 놓여 있다. 국적과 인종은 다양하고, 사람들의 꿈은 더 다양하다. 어쩌면 우리가 사는 이 곳에 다양하지 않은 것은 없는 것 같다.

"스웨덴은 기회의 나라야. 혹시 네가 실수를 해도 걱정하지 마. 네가 다시 일어설 수 있게 도와줄 거야." 내셔널 테스트National test에서 점수가 나오지 않아 속상해 울고 있는 마리아에게 앙숙인 다로 할 아버지가 해준 말이다.

걱정하지 말라고, 다시 하면 된다고. 인생이 즐거운데, 왜 우냐고.

물론 마리아는 다시 본 시험에서 만족할 만한 점수를 얻었다(우리나라의 대수능에 해당하는 스웨덴의 내셔널 테스트는 여러 번 치를 수 있다). 마리아의 점수가 나오는 날 우리 반 모두가 기뻐했던 기억이 난다.

여름의 신부가 되었던 마리아는 지금쯤 정신없이 대학 생활을 하고 있을 것이다. 이스라는 간병인 교육을 열심히 받고 있을 것이다. 한나는 물리치료사 공부에 전념하고 있을 것이다. 그리고 모나와 그 친구들 역시 대학을 가기 위해 준비를 하고 있을 것이다.

다양한 삶 속에 있는 것은 비단 이민자뿐만이 아니다. 우리 모두 다 다른 삶을 살고 있다. 다양함을 이유로 차별하지 말자. 우리는 다양한 생각을 하고 다양한 삶을 살 권리가 있다. 왜냐하면 우리가 그렇게 다양한 존재로 태어났기 때문이다.

이민자를 위한 특별한 교육을 찾아다녔던 나는 이제 깨닫는다.

여기서 이민자를 위한 특별한 교육은 없다.

모두를 위한 특별한 교육만 있을 뿐이다.

스웨덴이 다양성을 인정하는 방법

올바른 가치 추구하기

스웨덴에 가을이 오고 있다. 이 말은 흐린 날이 많고, 점점 해가 짧아진다는 의미이기도 하다. 작년에 스웨덴의 가을을 겪어본 나로서는 오늘처럼 햇빛이 화창한 날을 놓칠 수 없다. 무조건 가방을 꾸려서 외출을 한다. 라테가 맛있는 한적한 동네 카페도 좋고, 도토리나무가 무성한 우리 동네 공원도 좋다. 어디든 햇볕만 있는 곳이면 행복하다. 바람은 쌀쌀하지만 그래도 햇볕이 참 좋다. 하늘도 유난히 푸르고 높다. 마침 자리를 잡은 곳이 분수대 옆이라서 그런지 바람을 타고 분수대 물이 사정없이 날라온다. 자리를 옮겨야겠다고 생각하며 주변을 살피는데 분수대 맞은편에서 익숙한 얼굴이 보인다.

항상 피카FIKA 시간(우리나라의 '티타임'에 해당하는 말로, 스웨덴에서는 하던 일을 잠시 멈추고 커피를 마시며 휴식을 취하는 시간이다)쯤 되면 강아지 산책을 위해 동네 공원에 나오는 나의 친구 바박 아저씨다. 아저씨 옆에는 땅파기가 취미인 그의 강아지가 따라온다. 몇 번이나 강아지 이름을 알려 주셨는데, 발음이 어려워서인지 아니면 원래 이름을 잘 못 외우는 나의 머리 탓인지, 생각이 날 듯 안 날 듯 답답하게 입 안에서만 맴돌 뿐 도무지 저 갈색 털복숭이의 이름이 생각이 나지 않는다. 벌써 어디에서 땅을 파다 왔는지 주둥이 주변에는 흙이 잔뜩 묻어 있다. 제발 아저씨의 강아지가 나에게 친한 척하지 않기를 바라며, 나는 되도록 강아지의 눈을 피했다.

나를 만난 바박 아저씨는 다짜고짜 오늘 아침 뉴스를 봤냐고 이야기하셨다.

나의 친구 바박 아저씨는 이란에서 온 이민자다. 스무 살이 되던 해 아저씨는 이란의 전쟁을 피해 이 나라로 왔다. 어린 여동생과 단둘이 스웨덴에 온 아저씨는 여기서 대학을 졸업하고, 더 공부하고 싶은 마음에 베이징으로 가서 대학원까지 마치고 오셨다. 당시 아저씨의 관심 영역은 한국, 일본, 중국 외교의 역사였다. 그리고 베이징에서 대학원을 다니면서 현재의 아내를 만났다. 지금 아저씨는 두 딸의 아버지고, 퇴직을 하셨으며, 귀여운 강아지 한 마리와 매일 동네 산책을 다니면서, 나처럼 스웨덴 생활에 적응 못하고 어설픈 실수만 하고 다니는 초보들에게 팁을 전수해주는 아주 고마운 분이다.

아무튼 바박 아저씨를 저렇게 흥분하게 한 뉴스는 바로 스웨덴에 있는 이슬람 학교에 대한 것이었다. 스웨덴에 사는 무슬림이 증가하면서 이들이 이슬람 사립학교를 세웠는데, 문제는 이 학교에서 진행되는 교육 프로그램이 스웨덴의 교육적 가치에 위배된다는 것이었다. 바로 성평등에 대한 부분이었다. 이슬람 학교는 철저하게 남녀를 분리하여 수업했고, 심지어 그들의 가르침에는 남성이 여성보다 우월하며 여성이 남성에게 순종해야 한다는 등의 교육 내용이 포함되어 있었다. 이에 스웨덴 교육부는 성차별적인 교육을 시키는 이슬람 학교를 지원할 수 없으며, 강하게 제재할 것임을 경고했다. 그러자 이슬람 사립학교들이 교육부의 지침에 강하게 반발하고 나선 것이었다. 바박 아저씨는 이슬람 사립학교들을 강하게 비판하고 있었다. 아저씨는 스웨덴의 교육 그리고 이 나라의 가치를 훼손시키는 일부 무슬림들의 교육 태도를 절대 용납해서는 안 되며, 무엇보다 성차별적인 교육을 시키고 있는 이러한 학교에 스웨덴 세금을 절대 쓸 수 없다고 화를 내고 있었다.

그는 한 손에는 강아지 목줄을 잡고(아저씨의 강아지는 빨리 산책을 가고 싶은지 열심히 개줄을 끌어당기고 있었다), 한 손에는 그 기사가 실린 신문을 거칠게 흔들고 있었다. 나는 아저씨가 가져온 신문에 실린 사진을 뚫어져라 쳐다봤다. 이슬람 사립학교 담당자로 보이는 사람들이 인터뷰를 하고 있는 사진이었다. 아저씨 말로는 이들이 자신들의 종교의 자유와 교육의 권리를 스웨덴 정부가 침해하고 있다고 주장했다고 한다.

종교의 자유 그리고 교육의 권리.

우리가 중요하다고 생각하는 가치와 이념들이다. 특히 종교의 자유는 더욱더 판단이 어려운 부분이다. 이처럼 다양한 문화적·종교적 배경을 가진 사람들이 어울려 사는 곳에서는 더욱 그러할 것이다. 딸아이 학교에서도 종교적인 이유로 돼지고기나 붉은색 고기를 못 먹는 일부 학생을 위해 따로 급식을 마련하고 있다. 종교와 문화는 한 사람의 인생과 그 삶을 설명하는 데 아주 중요한 부분이기도 하다. 그리고 우리는 종교적인 차이와 문화적인 차이는 서로 존중해야 한다고 배운다. 하지만 우리는 종교 혹은 문화적인 차이로 인한 전쟁과 충돌을 많이 겪어왔고 또 목격하고 있다.

우리는 종교와 문화적인 특수성을 과연 어느 정도까지 수용하고 존중해야 할까? 만약 전혀 다른 종교와 문화를 규제한다면, 과연 우리는 어떠한 기준으로 이러한 것들을 규제할 수 있을까? 개인 혹은 집단이 세상을 이해할 때, 혹은 서로 대립하는 문제에 직면했을 때 판단을 내리는 근거는 어디에 있을까?

어떤 사건에 대한 찬반의 의견이 나뉘는 것은 개인과 집단이 갖고 있는 이데올로기에서 기인한다. 이데올로기ideologie라는 말은 프랑스 철학자 트라시Antoine Destutt de Tracy가 자신의 저서《이데올로기 요론Éléments d'idéologie》에서 '관념의 기원을 결정하는 과학'이라는 의미로 처음 사용하면서 널리 사용되기 시작했다. 이데올로기는 희랍어인 '이데아idea'와 '로기logie'를 합친 말로, 이데아는 관념과 생각을 의미하고 로기는 논리를 뜻한다. 이데올로기는 단순한 생각이 아니라 인생과 사회에 대한 개인의 태도나 행위를 설명할 수 있는 사상과 신념의 일관된 패턴이며, 이러한 사상과 신념을 지지 혹은 주장하는 것을 말한다. 즉 이데올로기는 개인 혹은 집단이 세상을 이해하는 하나의 이념적인 논리 구조인 셈이다.

개인이나 집단이 지닌 이데올로기가 극명하게 달라지면 어떤 사건이나 정책을 둘러싼 찬반의 대립도 심해진다. 그들이 가진 세상을 이해하는 이념적 논리구조가 다르기 때문이다. 이러한 이데올로기를 가장 단순하게 도식화하는 말이 바로 '좌파'와 '우파'다. 우리도 알고 있듯, 좌파와 우파의 세상을 보는 논리 구조는 상당히 대비되고 대립된다.

그렇다면 개인 혹은 집단은 어떻게 자신의 이데올로기를 선택하게 되는 것일까?

그것은 바로 개인이 지닌 가치價値, value에 따라서 결정된다.

그리고 개인의 가치는 다시 종교적, 문화적, 국가적 배경과 같은 다양한 요인에 의해 영향을 받는다. 살아가면서 다양하고 첨예한 각을 세우는 문제에 직면했을 때 사람들은 자신이 가장 중요하게 여기는 것, 바로 가치에 따라 문제를 바라보고 결정하게 된다.

어쩌면 우리가 겪고 있는 많은 문제들의 대립은 이러한 가치들의 대립이라 할 수 있을 것이다. 그리고 지금 바박 아저씨가 말하는 이슬람 학교에 대한 스웨덴 정부의 제재 역시 서로 다른 가치의 대립

노을이 지고 있는 스톡홀름의 항구.

이라 할 수 있다. 이슬람 학교 측은 남녀의 분리가 엄격한 교리를 지키는 것이 그들이 지닌 종교의 자유이며, 이를 제재하는 것은 교육의 권리를 위배하는 것이라 주장한다. 반면에 교육부는 이슬람 학교의 교육 형태가 스웨덴이 그동안 지켜온 성평등의 가치를 위배했다고 주장한다. 이들 모두 결코 타협할 수 없는 가치와 신념에 대한 주장을 펼치고 있는 셈이다.

스웨덴에는 다양한 국적의 사람들이 모여 산다. 이란, 이라크, 시리아, 인도, 중국, 일본, 한국, 태국 그리고 이름도 생소한 유럽의 다양한 나라에서 온 사람들이 함께 산다. 당연히 생김새도 다르고, 그들이 가진 문화와 종교도 다르다. 이렇게 다양한 문화와 종교적 가치를 스웨덴은 어떻게 수용할 수 있는 것일까?

스웨덴은 다양성에 대한 존중을 교육을 통해 강조하고 있다. 하지만 존중과 포용에도 조건이 있다. 바로 이들이 정의롭다고 판단되는 가치에 한해서 다양성이 허용된다. 스웨덴은 교육뿐 아니라 노동시장 그리고 사회 전반에 걸쳐 평등이라는 가치를 중요하게 여기고 있다. 평등은 계급적인 평등뿐 아니라 성평등까지 포함한다.

스웨덴은 젠더 평등 지수가 높은 국가들 중 하나이며, 모든 인격체에 대한 존중과 평등의 가치를 가장 중요하게 생각하고, 국가 운영의 기조이자 틀로 마련하고 있다. 지금도 스웨덴은 젠더 평등의 완전한 실현을 위해 정책적·제도적인 노력을 기울이고 있다.

이슬람 사립학교가 종교의 자유를 명목으로 남녀 아이들을 분리하고 차별하여 교육시키는 것은, 이슬람 국가가 아닌 여기 스웨덴에서는 결코 용납이 될 수 없는 부분이다. 대다수의 시민들이 지지하는 동시에 이 국가를 유지하는 가치인 '젠더 평등'에 위배되었기 때문이다. 이것은 가치의 훼손이다. 스웨덴에는 현재 다양한 국적의 사람들이 살고 있다. 그럼에도 다양성은 혼란을 의미하지 않는다. 그리고 이러한 다양성은 더욱 확대될 전망이다. 하지만 국가가 지닌 중요한 가치가 훼손된다면, 다양성은 혼란을 야기할 것이다.

그렇다고 이것이 나와 다른 종교 및 문화를 즉시 규제할 수 있다는 말은 결코 아니다. 다양한 사람들이 모여서 서로 존중받고 어울려 살아가는 사회를 만들기 위해서는, 그 사회가 공통적으로 수용 가능하면서도 합당하게 지지할 수 있는 가치가 있어야 한다. 다시 말하자면 다양성의 가치를 지키기 위해서라도 그보다 상위에 있는 '올바른 가치'를 설정하고 따를 수 있어야 한다는 것이다.

대한민국 역시 다양한 국적과 문화적·종교적 배경을 가진 사람들이 증가하고 있다.

아직 스웨덴만큼 이민자 수가 많지는 않지만, 우리 역시 많은 이민자를 우리의 필요에 따라 받아야 할 때가 올 것이다. 분명히 그들은 여러 문화와 종교를 가지고 들어올 것이다. 그리고 이것은 우리 사회에 크고 작은 충돌을 유발할 것이다. 이러한 충돌과 차이에 대해 두려워하라는 말은 아니다. 어쩌면 근거 없는 두려움이 더 많은 문제를 일으킬 수 있다. 이들의 다양성이 건전하게 그리고 건강하게 우리 사회에 수용되기 위해서는 이민자들에 대한 정책적 지원과 제도가 필요하다. 그리고 다양성의 충돌로 인한 대립을 해결할 수 있는 우리 사회의 굳건한 가치가 필요하다. 단지 나와 달라서 반대하고 적대시하는 것은 차별과 오해 그리고 증오를 낳을 수 있다.

다양성의 수용이 말처럼 쉬운 것이 아니라는 것을 안다. 그 바탕에는 인권에 대한 이해와 타인에 대한 존중이 있어야 하기 때문이다. 그리고 다양성의 수용 과정에서 겪는 오해와 충돌에 대해 끈기 있는 설득이 필요하다는 것도 안다. 이 역시 쉽지는 않겠지만, 그렇다고 불가능한 목표라는 것은 아니다.

스웨덴은 '평등'과 '연대'라는 가치를 정착시키기 위해, 다양한 사람들을 존중하며 그들에게 자신의 가치를 알리고자 노력하고 있다. 바로 설득을 통해서 말이다.

우리 사회는 과연 어떠한 가치를 지니고 있는가? 우리는 다양성으로 인한 충돌을 막고 차이를 존중하면서도 사회 구성원의 행복을 지키는 설득에 나서고 있는가? 그리고 이러한 활동을 위해 우리가 토대로 삼고 있는 건전한 가치란 과연 무엇인가?

이슬람 국가에서 태어나 20년 넘게 살다가 이제는 스웨덴에서 35년 넘게 살아온 바박 아저씨는 스웨덴의 젠더 평등을 반드시 지켜야 하는 가치로 강하게 믿고 있었다. 그가 살아보니 그게 맞는 것이었고, 그게 옳은 것이라고 판단했기 때문이다.

바람이 분다. 바람을 타고 도토리들이 우수수 떨어진다. 떨어진 도토리를 주우러 아이들이 뛰어간다. 스톡홀름의 가을이 깊어져만 간다.

나는 누구인가

다문화 가족 아이들에 대한 우리의 책임

스웨덴 학교에 들어간 지 얼마 지나지 않아, 우리 아이가 가져온 과제가 있다.

"나는 누구인가?"

단순한 거 같지만 결코 단순하지 않는 이 과제는 한 학기 내내 우리 아이가 해야 할 수업의 주제였으며, 개인 과제였다.

"엄마, 나는 누구예요?"

딸아이의 질문에 짐짓 고민이 되었다. 초등학생들에게 이런 철학적인 숙제를 주다니, 저번에는 국가의 형성에 대한 숙제가 나오더니, 이번에는 "나는 누구인가"라니……

40여 년을 살아온 나도 내가 누구인지 선뜻 대답하기 어려운데, 고작 열 살인 아이들에게 이런 숙제를 내주다니 정말 너무하다는 생각이 든다. 더군다나 당시 딸아이는 열심히 학교 운동장을 파헤

치던 시기였다. 영어 실력보다는 땅 파는 실력이 하루가 다르게 늘어가고 있던 딸아이에게 이런 숙제를 내주다니, 한숨이 먼저 나왔다.

아무리 볼멘소리를 해봤자, 숙제는 숙제인지라 해야 한다.

아이와 같이 식탁에 앉아 우선 내가 누구인지 설명하기 위해 필요한 정보를 나열하기 시작했다.

이름, 나이, 가족 그리고 국적…….

한국에서 이런 숙제가 나왔다면, 본인이 한국 사람이라고 굳이 설명하지는 않았을 것이다. 대신 어느 지역에 사는지는 밝혔겠지. 하지만 여기는 스웨덴이지 않은가? 나는 스웨덴 사람도 아니고 잠시 스웨덴에 사는 한국인이니 당연히 나의 나라인 대한민국을 설명해야 한다. 그래야 내가 누구인지 설명이 가능한 부분들이 있다.

외국에 살다 보니, 내가 한국인이라는 사실이 내가 누구인지를 설명하는 데 아주 중요한 부분이라는 것을 깨닫곤 한다. 지금껏 나는 내가 다른 사람들과 구별되고, 눈에 띄는 존재라고 생각해본 적이 별로 없었다.

아니, 기억을 더듬어 보니, 내가 눈에 띄는 존재인 때가 있었다.

대학교에 다니던 시절, 당시 미용사를 준비하던 동생이 있었다. 내 여동생의 가장 친한 친구이기도 한 그 동생이 하루는 나에게 머리 염색을 해주겠다고 하는 거다. 기억이 가물가물하지만 아마 당시 〈호텔리어〉라는 드라마 속의 연기자 이승연 씨의 머리 스타일이 유행을 했던 것 같다. 이승연의 붉은 빛깔이 약간 도는 와인색을 기

도연이는 스웨덴 학교에서 다양한 국적의 아이들과 친구로 지낸다.

대했건만, 나의 머리 색깔은 와인색보다 훨씬 더 진한 색으로 나왔다. 내 머리색깔은 당시 서태지가 '하여가' 무대에서 하고 나온 것처럼 거의 빨간색이었다. 물론 당시에는 서태지의 빨간 머리 역시 유행이었고, 이것을 따라하는 젊은이들도 꽤 있었다. 반항의 상징으로 말이다.

하지만 나는 반항과는 거리가 먼 사람이었다. 사춘기도 언제 왔다 지나갔나 싶게 참 별 재미없이 살았던 내가 졸지에 반항아가 된 것이다. 엄마 손에 이끌려 다시 미용실에 가기 전까지 나는 당시 반항의 상징인 빨간 머리를 하고 학교를 다녔다. 지금도 여동생과 그녀의 친구들과 만나면, 당시 이야기를 하며 웃곤 한다. 아무튼 이때가 내 생애 가장 눈에 띄는 존재가 된 시절이었다.

하지만 스웨덴에 살다 보니, 내가 빨간 머리가 아니어도 나는 눈에 띄는 존재가 되었다. 나는 내가 북한이 아닌 남한에서 온 여성이라는 사실을 밝혀야 했다. 물론 이로 인해 차별을 경험한다면 이것은 또 다른 문제가 될 것이다. 차별에 직면하기 이전에 나는 내가 어디를 가든 남들과 뚜렷이 구별되며, 대중 속에 숨고 싶어도 숨을 수 없이 눈에 띄는 존재라는 사실을 받아들여야 했다.

살면서 처음으로 나는 내가 가진 문화적, 지리적 그리고 국가적 배경에 대해 사뭇 다른 시각으로 바라볼 기회가 생긴 것이다.

대략 4년 전에 내가 살던 지역의 한 대학에서 강의를 한 적이 있었다. 수업 첫날 강의실에 들어서는데, 유독 눈에 들어오는 학생이 있었다. 외국인이었다. 내 수업에 외국인 교환학생이 있구나 생각을 하며 출석을 부르는데, 한국 이름의 호명에 그 학생이 대답을 하는 것이 아닌가! '이런, 내가 실수할 뻔했구나' 하며 나는 속으로 생각했다. 만약 내가 '우리 반에 교환학생도 있네'라고 잔망스럽게 이야기라도 했다면, 정말 그 학생에게 큰 실례를 했을 것이 아닌가. 정말 생각만 해도 가슴이 서늘했다.

그 남학생의 어머니는 필리핀 사람이었다.

필리핀인 어머니와 한국인 아버지를 둔 그 남학생은 다문화 가족의 자녀다. 우리가 흔히 말하는 다문화 가족 2세대다. 그 남학생은 엄마를 많이 닮았다고 했다. 그리고 남학생에게는 여동생이 한 명 있는데, 그 여동생은 '다행히도'(그 학생이 쓴 말이었다) 아빠를 많이 닮았다고 했다. 그래서 여동생과 같이 다니면, 여동생 친구들이 와서 너는 왜 외국인이랑 다니냐고 물었다고 한다. 명절 때만 되면 할머니도 큰어머니도 고모들도 입지 않는 한복을 왜 학생의 어머니는 꼭 입으셔야 했는지, 요리 솜씨가 좋아 김치를 맛깔나게 담그시는 어머니에게 동네 할머니들이 한국 사람 다 되었다고 칭찬을 하실 때 왜 마음 한 켠이 허전했는지 알 길이 없던 그 남학생은 필리핀말은 거의 못하고, 외할머니가 계시는 필리핀은 지금껏 세 번 정도 다녀온 것이 고작이라고 했다. 당시 그 학생은 군 입대를 앞두고 있었다. 그 대학에서 강의한 것이 벌써 4년도 훨씬 지난 일이니, 그 학생은 제대를 하고 복학했을 것이다.

나 역시 어렸을 때부터 아빠를 닮았다는 말을 많이 듣고 자랐다. 자식이 부모를 닮았다는 말은 당연한 이야기다. 일상에서 별 생각 없이 가족을 닮았다는 말을 우리는 자주 사용하고 듣는다. 하지만 엄마를 많이 닮았다고 그 학생이 이야기하던 순간, 왜 나는 뭔가 턱 하고 걸리는 기분이 들었던 것일까?

부끄럽게도 나는 당시 그 학생이 엄마를 많이 닮았다는 말에 '이런……' 하는 생각이 들었다. 이 글을 쓸 때쯤, 다문화 가정의 아이들이 많다는 이유로 전학을 가는 학생들이 늘고 있다는 어느 초등학교 이야기가 실린 기사를 보았다.

마음이 참 쓰다.

만약 여기 스웨덴에서 딸아이 반에 외국인 혹은 이민자 가족의 자녀들이 많다고 스웨덴 학생들이 불평을 했다면, 내 마음은 참 슬프고, 우리 아이에게 많이 미안했을 거다. 부모야 선택할 수 있는 삶을 산다고 치지만, 이런 부모의 자식으로 태어난 아이는 도대체 무슨 잘못이 있단 말인가?

딸아이를 학교에 보내면서 가장 많이 걱정한 것중 하나가 '외국인이라고 차별을 받으면 어찌나'였다. 외국인 혹은 동양인이라는 이유로 혹시 우리 딸이 부당한 대우를 받을까 봐 얼마나 노심초사했는지 모른다.

다문화 가족의 자녀들이 많다는 이유로 전학을 결정했다는 그 부모들의 행동에 동조할 수는 없지만, 그렇다고 전학을 간 학생들의 학부모를 마냥 비난할 수만도 없다. 아직 우리 사회는 다양성을 받아들일 만한 준비가 되지 않았기 때문이다. 이들에 대한 국가 차원의 사회통합 정책이 부재한 상황에서, 다문화 가족에 대해 편협한 선입관을 갖고 있는 개개인을 도덕적 잣대로 비난하는 것은 국가의 책임을 개인에게 떠넘기는 행동일 수 있다.

이민자의 수는 증가하고 있고, 앞으로 더 증가할 것이다. 그것도 우리의 필요에 의해서 말이다. 일각에서는 이러한 이민노동자 혹은 이민자들을 '인구 보너스'라고 부르기도 한다. 저출산 고령화로 인구 감소가 확실해지고 있는 우리의 상황상 젊은 노동자의 유입은 보너스라는 것이다. 하지만 또 다른 측면에서는 이들을 폄하하고 심지어 무서워하며 경멸하기도 한다.

이들이 우리에게 보너스인지 혐오의 대상인지 결정하는 것은 우리에게 달렸다. 하지만 그러한 결정 이전에 우리가 기억해야 할 것은 아무리 이들이 자신의 선택에 따라 우리나라에 왔을지라도 이들에게 문을 열어준 것은 바로 '우리'라는 사실이다. 그리고 무엇보다 중요한 것은 이들이 '그럼에도 불구하고' 대한민국에서 살아가고 있는 사회 구성원이라는 사실이다. 이들 역시 우리와 똑같이 일을 하고, 아이를 키우고, 학교에 보내는 우리 사회의 일원이자 이웃이다.

더 이상 이들의 삶에 우리는 방관자일 수 없다. 우리는 우리의 책임을 느껴야 한다.

한국에서 태어나 자랐지만, 본인이 한국인임을 밝혀야 하는 그 학생이 우리에게 묻는다.

"나는 누구입니까? 한국에서 태어나 자랐지만, 외국인 엄마를 두고 있는 나는 한국인입니까, 아니면 영원히 이방인입니까?"

이 청년은 누구인가?

그리고 이들에게 '다문화 가족'이라는 꼬리표를 달아주는 당신은 누구인가?

4.27 남북 정상회담을 보며

오늘도 어김없이 딸아이는 집에 들어서자마자, 가방을 문 앞에 던져놓고는 물 한잔을 급하게 들이켰다.

내팽개쳐진 가방을 보며, 잔소리를 해야 하나 말아야 하나 고민하고 있는 나에게 딸아이는 숨 넘어가는 소리로 말했다.

"엄마, 오늘 학교에서 사회 선생님이 저한테 축하한다고 했어요."

"왜?"

"남북한 회담이 잘 되어서 우리나라에 더 이상 전쟁이 없을 거라고요. 페이른이랑 다른 친구들도 축하한다고 했어요. 그리고 9학년 언니 오빠들 사회 숙제로 이번 남북 정상회담이 나왔대요. 엄마, 종전 선언이 뭐예요? 언니들이 그러는데 우리나라에서 전쟁이 끝났다는 선언을 할 거래요. 그게 무슨 말이에요?"

연신 질문을 쏟아내는 아이 앞에서 나는 도대체 어떤 말부터 해

쥐야 할지 난감했다.

아이의 생각으로는 우리나라가 전쟁 중인 나라도 아닌데 무슨 전쟁이 끝났다고 하는 건지 궁금하기도 했을 것이다. 하지만 딸아이는 무엇보다 학교 선생님들과 친구들에게 축하를 받았다는 사실에 흥분한 거 같았다.

나 역시 축하한다는 말을 가끔 듣는다. 내가 한국인임을 아는 스웨덴 사람들은 나에게 축하한다고 말해준다. 동네 공원에서 만난 바박 아저씨 역시 나에게 축하한다고 손을 내밀었다. 바박 아저씨는 이란에서 온 전쟁 난민이다. 그에게 평화라는 이름으로, 종전이라는 이름으로 축하를 받다니⋯⋯. 평창 동계 올림픽의 성공을 축하받았던 때와는 전혀 다른 기분이었다. 동계 올림픽은 오랜 준비와 함께 예고된 큰 잔치였기 때문에 축하받을 것을 알고 미리 기대했다면, 이번 남북 정상회담은 기대하지 못했던, 예상 밖의 성과였다. 그리고 무엇보다 그것이 지니는 의미와 묵직함은 말로 다 설명할 수 없는 것이었다.

남북 정상회담을 보면서 마음 한 켠에서 올라오는 감동과 그 모질고 잔인했던 역사에 대한 슬픔 그리고 앞으로 다가올 미래에 대한 기대와 두려움이 뒤엉켜 단지 기쁨으로만 표현될 수 없는 복잡한 감성이 솟구쳤다.

그리고 나는 내 외할머니를 떠올렸다.

나의 외할머니는 피난민이셨다. 한국전쟁 통에 고향을 떠날 수밖에 없었던 나의 할머니와 할아버지…….

나의 외할머니 고향은 황해도 안악이다.

나는 어린 시절 할머니 곁에 누워 할머니의 과거 이야기를 듣는 것을 참 좋아했다.

할머니의 유년 시절은 우리나라가 없던 시절이었다. 아니 더 정확하게 말하자면, 일본에게 나라를 빼앗기던 그 시절에 우리 할머니는 태어나고 성장했다. 일본인도 아닌데 일본말을 배워야 했으며, 조선인인데 조선말을 쓰면 학교에서 칼을 찬 선생님에게 호되게 매질을 당하는 시절이었다. 영특하셨던 우리 할머니는 하나를 알려주면 열을 아는 아이였고, 그래서 학교에서도 일본말 하나를 배우면 열을 아는 우등생이었다. 할머니는 어렸지만 오빠들 손을 잡고 학교를 다닐 정도로 똑똑했고, 일본어를 잘한다고 칼을 찬 선생님께 칭찬을 받을 때는 얼굴이 화끈거릴 정도로 부끄럽고 치욕스러웠다고 한다.

그렇게 시간이 흘러 할머니가 열여섯인가 열일곱 살이 되던 해 세상은 더 흉흉해져, 여기저기서 시집 안 간 처녀들을 잡아간다는 소문이 돌기 시작했다. 딸자식을 가진 부모들은 마음을 졸여야 했으며, 그 소문은 사실이 되었다. 일본군이 처녀들을 잡아가기 위해 동네 여기저기를 뒤지기 시작한 것이다. 잡혀간 처녀들은 만주 혹은 일본에 있는 공장으로 끌려간다거나 아주 먼 나라로 팔려 간다는 소문도 있었다. 하여튼 잡혀가면 절대 돌아오지 못한다는 것이었다. 위로 오빠들만 세 명에 막내딸로 태어난 우리 할머니는 부모님의 사랑을 듬뿍 받고 자랐다. 아직 어린 딸을 절대 일찍 시집보내지 않을 것이라 다짐했던 할머니의 부모님은 그러나 자식이 일본군에 끌려가는 것이 두렵고 무서워 일찍 시집을 보낼 수밖에 없었다.

그렇게 우리 할머니는 키가 멀대처럼 크고 얼굴도 허여멀건 우리 할아버지를 만나셨다. 자고로 사내라 하면 까무잡잡하며 다부진 몸을 가져야 하는데, 결혼식날 처음 본 할아버지는 햇볕이라곤 구경도 못해본 사람 마냥 허여멀건 얼굴을 갖고 있었다고 할머니는 말했다.

하루아침에 세상은 바뀌어 이제는 우리말을 써도 누가 때리지 않고, 더 이상 칼을 찬 일본인 선생도 처녀를 잡아가는 일본군도 없어졌다. 그런데 이제는 인민군이 들이닥쳐 동네 남자들을 잡아가기 시작했다. 이번에도 잡혀가면 죽는다는 소문이 돌았다. 할아버지는 속옷 한 장 변변하게 들지 못한 채 인민군을 피해 밤에 도망을 가셨다. 할아버지가 도망친 다음날 새벽, 거짓말처럼 인민군은 집에 들이닥쳤고 할아버지를 찾기 위해 이 잡듯이 집을 뒤졌다.

그날 할머니와 할머니의 노쇠한 시어머니는 평생 처음 연기라는 것을 해보셨다. 님편이 이디 있냐고 협박하는 사내들 앞에서, 나의 할머니는 "나도 남편이라는 작자 얼굴을 본 지 오래 되었다고, 돈만 있으면 기어나가 술만 쳐먹고 다니니 내가 어떻게 아냐고, 혹시 찾으면 꼭 좀 잡아가라고" 오히려 악다구니를 하셨다. 노쇠하신 시어머니 역시 아들 좀 찾아 달라고, 그 놈 노름판에 있는 거 아닌가 모른다며 땅을 치며 눈물로 하소연을 하셨단다. 두 여자의 메소드 연기에 오히려 인민군은 노쇠한 시어머니를 달래며 할아버지를 찾아서 꼭 데려오겠다는 약속까지 하고 집을 나갔다고 한다.

몇 달 뒤 인편을 통해 할아버지가 인천에 있으며, 병을 얻어 위급하다는 소식이 들려왔다. 평상시에도 몸이 허약했던 할아버지가 피난 생활 중에 병을 얻으신 거다. 할머니는 할아버지를 데리고 와야겠다는 생각으로 집을 나섰다 한다. 병에 걸려 죽어가는 사람을 누가 끌고 가겠는가 싶기도 하고, 노쇠한 시어머니가 아들 얼굴은 보고 죽어야 한다며, 할머니 등을 떠미셨단다.

당시 아이 네 명의 엄마였던 할머니는 가장 어린 막내와 첫째 아들을 데리고 길을 나섰다 한다. 그런데 마을 어귀쯤 다다르자 큰아들이, 바로 연이어 쌍둥이가 태어나는 바람에 젖 한번 배불리 물려보지 못한, 그 순하디 순한 큰아들이 다시 집으로 돌아가겠다고 했단다. 아프신 할머니(시어머니)와 어린 쌍둥이 동생만 두고 오는 것이 영 마음에 걸렸는지, 본인이라도 집에 남아서 할머니를 돌보고 어린 동생들을 돌보겠다며 집으로 되돌아갔단다. 어렸을 때부터 유독 착했던 할머니의 큰아들, 나의 큰외삼촌은 그렇게 다시 집으로 돌아가셨다고 한다. 그리고 마을 어귀에서 한참 손을 흔들고 있었단다. "어머니, 아버지 데리고 꼭 빨리 오세요!"

후에 할머니는 항상 그때 큰외삼촌을 꼭 데리고 갔어야 했다고, 집에 되돌아간다고 했어도, 아니라고 엄마랑 가자고 데리고 갔어야 했다고, 그랬다면 그 애라도 데리고 나왔을 거라고, 그랬을 거라고 그려셨다.

할머니 등에 업혀 있던 갓난아기(막내)는 피난통에 죽었다.

죽은 아이를 묻기 위해 맨손으로 땅을 파면서, 할머니는 속으로 이렇게 다짐을 하셨단다.

할아버지를 보면, 목을 비틀어 버리겠다고.

하지만 우여곡절 끝에 만난 할아버지는 거지 꼴을 하고 사경을 헤매고 계셨다. 각혈까지 하는 할아버지를 보고 할머니는 어서 일어나라고 지금 이렇게 누워 있을 때가 아니라고, 아이들이 지금 눈 빠지게 우리를 기다린다고 소리를 지르셨단다.

하지만 할아버지가 기적처럼 되살아나셨어도, 나의 할머니는 다시는 고향으로 되돌아갈 수 없었다. 휴전선이 그어져 목숨과도 같았던 그 어린 자식들을 다시는 만날 수 없었다.

너무 먼 이야기처럼 들리는 전쟁 이야기는 고작 70여 년 전의 이야기다.

이제 그런 선생의 흔적은 찾아보기 힘들 정도로 나는 나의 외할머니와 다른 세상에서 살고 있다.

하지만 여전히 우리가 사는 이 곳은 분단 국가이고, 휴전 국가이다.

"한반도에 더 이상 전쟁은 없을 것입니다."

2018년 4월 27일, 역사적인 그 순간을 지금 내가 보고 있다.

두 정상의 판문점 회담을 보면서, 나는 나의 외할머니를 생각하고 있었다.

돌아가시기 전 할머니는 나에게 할머니 고향 주소를 적은 종이를 남겨 주셨다. 내 손에 쥐어 주시면서, 꼭 나라도 가보라고 하셨다. 할머니가 뛰어놀던 들판, 수영을 했던 강가, 할머니의 아버지와 오빠들이 낚시를 했던 그 바닷가를 꼭 가 달라고.

나는 나의 외할머니 고향에 가고 싶다.

나의 아이 손을 잡고 꼭 가고 싶다.

━━━ 스웨덴의 끝없이 펼쳐진 하늘.

6장

누구에게나 약하고
아플 때가 있다

노후와 의료

우리는 모두 노인이 된다
왜 공적연금이 필요한가

큰딸과 세상에서 가장 사랑하는 외손녀를 보러 스웨덴으로 엄마가 오셨다. 유럽 여행은 처음이신 엄마는 연신 좋다는 말을 하시며 스톡홀름 여행을 하셨다.

그날도 아침부터 스톡홀름 여기저기를 둘러보다 점심을 먹고 한적한 공원에서 쉬고 있을 때였다. 공원의 한 모퉁이에서 파는 아이스크림을 보고 딸아이가 기회는 이때다 싶었는지 아이스크림을 먹고 싶다고 졸랐다.

"금방 밥 먹고 무슨 아이스크림이야."

"밥 먹었으니까 디저트로 사주세요, 엄마~"

손녀가 밥 먹는 것만 봐도 배가 부르는 우리 엄마는 그깟 아이스크림이 얼마기에 안 사주냐며 아이 손을 잡고 아이스크림을 사러 가셨다. 잠시 후 도대체 토핑을 얼마나 올렸는지 가늠할 수 없는 아이스크림을 딸아이는 의기양양하게 들고 오고 있었다. 그리고 평소 같으면 이가 시려 찬 것은 잘 드시지도 않는 엄마가 소프트 아이스크림을 두 개 더 들고 따라 오시는 것이 아닌가.

"무슨 아이스크림을 이렇게 많이 샀어?"

"너랑 나도 먹으려고 샀다."

"엄마 단 거 안 좋아하잖아?"

"그냥 나도 하나 먹고 싶더라. 자, 너도 하나 먹어봐라."

엄마가 건네주신 아이스크림을 먹으니 달고 맛있었다. 생각해보니 여기 와서 아이스크림을 사 먹은 적이 없었다. 딸아이만 사줬을 뿐이지, 내가 사 먹을 생각은 안 했다. 평소에는 드시지 않는 아이스크림을 먹는 엄마를 보니, 정말 여행 기분이 나서 그러신가 하며 "여기 오니, 안 먹던 아이스크림도 먹고, 엄마 스톡홀름 오니까 좋아?"라고 엄마에게 물었다.

"나도 한 번 먹고 싶었다."

엄마의 눈길은 반대편 벤치에 앉아 있는 어느 노부부에게 머물고 있었다. 선글라스를 멋지게 낀 그 노부부 역시 소프트 아이스크림을 먹고 있었다. 스톡홀름에서는 아이스크림을 먹고 있는 어르신들을 종종 마주치곤 한다. 눈처럼 하얀 머리카락을 갖고 계신 할머니, 할아버지께서 역시 눈처럼 하얀 아이스크림을 먹고 계신다. '뭐야, 저 할머니, 할아버지 보고 엄마도 아이스크림을 먹고 싶었다고?' 엄마도 참, 하며 웃고 있는데 엄마는 이렇게 말씀하셨다.

"여기 노인들은 왜 이렇게 여유롭게 보이냐. 허리 굽은 노인도 없고, 건강해 보이고, 그리고 멋져 보인다."

엄마를 모시고 여기저기 여행을 다녔는데, 우리 엄마는 여기 사는 노인들의 모습이 남다르게 다가오셨나 보다. 경치도 아니고 멋진 건물도 아닌 여기 사는 노인들이 멋있다고 부러워하는 엄마를 보고 있자니, 마음 한 켠이 쓸쓸하다.

우리 엄마도 할머니다. 염색만 안 하면 머리가 하얗고, 소프트 아이스크림을 아이처럼 혀로 살살 베어 드시는 우리 엄마도 할머니다. 세월이 그렇게 우리 엄마를 할머니로 만들었다. 그리고 세월은 우리 엄마만 할머니로 만들진 않을 것이다. 우리 모두 노인이 된다.

지금은 스웨덴 노인들의 멋진 노후를 지켜주는 공적연금에 대해 이야기를 하고자 한다. 우리나라로 치자면 '국민연금'이다.

스웨덴의 공적연금은 100여 년이 넘는 역사를 가지고 있다. 국민 전체를 대상으로 공적연금을 세계 최초로 도입한 국가는 스웨덴이다.

현재 선진 복지국가로 손꼽히는 스웨덴이지만 연금의 도입이 순탄치만은 않았다.

1883년 의료보험 도입 직후 1884년 스웨덴 정부는 연금제도 도입을 논의했지만, 당시 시민들은 연금에 대해 강한 거부감을 보였다. 특히 농촌 공동체를 기반으로 둔 농민들은 이 제도의 도입을 강하게 반대했는데, 이 제도가 갖고 있는 노인 부양의 의미와 가입의 강제성에 대해 쉽게 납득할 수 없었기 때문이다.

그로부터 30여 년이 흐른 1913년이 되어서야 마침내 스웨덴은 국민 전체를 대상으로 하는 보편적인 공적연금제도를 도입할 수 있었다. 그리고 이것은 국민 전체를 대상으로 67세 이상의 노인에게 연금을 지급하는 세계 최초의 공적연금 도입을 의미했다. 세계 최초라는 타이틀을 달긴 했지만 당시 연금의 급여율은 아주 낮았는데, 고작 임금소득의 5퍼센트 이내에 불과한 것이었다. 이후 1957년에 이르러서야 연금 급여율이 60퍼센트에 이르게 된다. 물론 현재 스웨덴의 국민연금은 명실상부한 시민을 위한 공적연금으로 자리를 잡았다. 하지만 스웨덴의 국민연금이 이렇게 자리 잡기까지 무수히 많은 변화의 과정이 있었다.

스웨덴 역시 인구의 변화(저출산 고령화의 인구문제), 세계 경기의 변동으로 인한 경제 불황 그리고 연금재정에 대한 우려 등 우리와 유사한 문제점을 겪었다. 그리고 이러한 문제점을 해결하기 위해 연금제도는 변화를 거듭할 수밖에 없었다. 1913년 연금의 도입 이후, 1937년 연금법을 개정하고, 1946년 기초연금을 도입했으며, 1957년에는 추가 연금제도의 의무적 도입 여부를 놓고 국민투표를 실시했다. 물론 그 이후에도 스웨덴 연금은 현재에 이르기까지 꾸준하게 변화와 개혁이 이루어지고 있다.

스웨덴 국민연금이 계속 개혁을 진행하고 있다고 해서 이 제도가 국민의 신뢰를 잃어버렸다는 뜻은 아니다. 오히려 시민들은 그들이 지켜온 연금에 자부심을 갖고 있으며, 스웨덴의 연금은 스웨덴 국민들의 노후를 보장하기 위한 최선의 제도로 그 역할을 다하고 있다.

그렇다면 왜 스웨덴 국민들은 100여 년이 넘도록 이 제도를 지켜왔던 것일까? 이유는 단 한가지다. 바로 공적연금이 지닌 가치와 목표를 지지했기 때문이다. 공적연금의 목표는 노후소득의 보장이다. 노후에도 인간다운 생활을 영위할 수 있도록 지켜주고 보장해주는 제도가 바로 공적연금이다.

사람은 누구나 늙는다. 하지만 늙는다는 자연적인 현상이 자본주의 사회에서는 전혀 다른 의미를 내포하고 있다. 자본주의 사회에서 노인이 된다는 것은 바로 '노동자의 노동력 상실'을 의미한다. 노동력의 상품화만이 소득을 얻을 수 있는 유일한 방법이었던 노동자에게 노동력 상실은 소득의 중단을 의미한다. 그리고 임금소득의 중단은 빈곤을 의미한다.

인류의 역사에서 노인은 빈곤한 집단의 대명사였다. 자본주의 사회에서도 노인이 된다는 것은 빈곤함을 의미했다. 하지만 불과 70년에서 80년 전부터 인류는 노인이 되어서도 빈곤하지 않고 인간다운 생활을 할 수 있다는 것을 경험하기 시작한다. 바로 연금을 통해서 말이다.

공적연금의 도입은 자본주의 사회에서 빈곤할 수밖에 없었던 노인의 삶을 바꾸어 놓았다.

이것은 인류 역사상 획기적인 사건이었다.

연금은 이러한 목적을 가지고 태어났으며, 그것이 지니는 가치는 바로 노후 빈곤에 대한 사회적 부양의 책임성과 사회구성원들 간의 연대였다. 스웨덴은 이러한 가치를 잘 알고 있었다.

공적연금이 가진 본래의 가치와 목표를 잃어버리는 순간 시민들의 노후는 절대 안정될 수 없으며, 본연의 목표와 가치를 잃어버린 정책은 절대 시민의 편에 설 수 없다는 것을 스웨덴 시민들은 정확하게 이해하고 있었다. 따라서 그 어떠한 상황(인구구조의 변화, 경제 불황 등)에서도 스웨덴 국민들은 연금의 가치와 목표의 정당성을 지지했으며, 시민들의 이러한 지지를 기반으로 연금 정책은 수많은 변화를 겪으면서도 현재의 공적연금으로 자리 잡을 수 있었던 것이다. 바로 사회보험의 꽃으로 말이다.

우리가 잊지 말아야 할 단 한 가지. 바로 공적연금은 노후소득 보장을 위해 만들어진 제도라는 것이다. 그렇기 때문에 국민연금을 둘러싼 모든 논의와 정책의 변화는 바로 이 지점을 향해 나아가야 한다.

그렇다면 현재 우리 사회에 돌고 있는 연금을 둘러싼 논의와 정책 변화가 '노후소득 보장'이라는 연금의 목표와 가치를 지향하고 있을까?

우리나라에서 국민복지연금법이 제정된 시기는 1973년이지만, 실제로 제도가 도입된 것은 1988년이다. 당시 국민연금은 10인 이상 상시 근로자 사업장에 우선 적용된 후 1992년 5인 이상 사업장으로 확대되었고, 마침내 1999년에는 전국민 연금시대를 대대적으로 선언하게 된다.

우리나라의 국민연금은 선진 복지국가의 연금제도와 비교하면 특이한 점이 있는데, 그것은 제도가 지닌 역사가 무척 짧은데도 제도의 확대는 유례를 찾아보기 힘들 정도로 빠르게 진행되었다는 것이다. 길게는 100여 년 짧게는 70여 년의 역사를 갖고 있는 서구의 연금제도는 시간을 두고 연금제도를 천천히 수정하고 정비해나갔다. 하지만 우리나라의 연금제도는 1988년 도입 이후 1999년 전국민 연금시대를 선언하기까지 고작 11년밖에 걸리지 않았다(경제성장 이후 복지제도의 정비에 들어선 한국의 특징상 연금제도뿐만 아니라 여타의 제도들도 도입 이후 제도의 확대가 상당히 빠르게 진행되었다는 특징을 보이고 있다).

서구의 연금과 마찬가지로 우리나라의 국민연금 역시 노후소득 보장을 목적으로 설계된 제도다. 그렇다면 이 제도가 지닌 가치는 무엇일까? 국민연금 제도는 노후소득 보장이라는 목적을 위해 설계되었지만, 이것이 다는 아니다. 이 제도는 노후에 안정적인 소득을 보장받기 위하여 세대와 계층이 '연대'한다는 가치를 지니고 있다.

국민연금이 지닌 이러한 가치를 보다 잘 이해하기 위해서 우리는 연금 금액 계산 방식을 들여다봐야 한다. 우리가 받는 연금 금액은 표에서 제시된 국민연금 산정공식에 의해 책정된다고 보면 된다. 여기서는 국민연금의 성격을 부각하기 위해 몇 가지 단순화된 가정

국민연금을 계산하는 방법

국민연금액 산정공식=1.2 × (A+B) × (1+0.05n)/12개월
A: 국민연금 전체 가입자의 3년간 평균소득
B: 국민연금 가입기간 동안 자기소득 평균액
n: 20년 이상을 초과하여 가입한 개월수

소득 수준	최초 연금액 계산방식	자기소득(B값)에 대한 비율 (소득대체율)
고소득자 '갑'	1.2×(200만원+300만원)×(1+0.05×60) /12개월=200만원	66.7%=200만원/300만원
평균소득자 '을'	1.2×(200만원+200만원)×(1+0.05×60) /12개월=160만원	80%=160만원/200만원
저소득자 '병'	1.2×(200만원+100만원)×(1+0.05×60) /12개월=120만원	120%=120만원/100만원

을 하겠다. 2028년에 연금을 받는 세 사람이 있다고 가정하자. 이들은 모두 25년간 연금을 가입했고, 갑은 월 300만 원, 을은 월 200만 원, 병은 월 100만 원의 급여 소득자다. 그리고 2028년 국민연금 가입자의 평균소득은 월 200만 원이다.

국민연금 산정공식에서 1.2는 소득대체율을 나타내는 상수이다. 소득대체율 상수 값은 2008년 1.5를 기준으로 매년 하락되는데 2028년까지 소득대체율은 1.2로 떨어진다. 그리고 A값은 은퇴 직전 전체 국민연금 가입자의 3년간 평균소득액이고, B값은 가입자 본인의 국민연금 가입기간 중 평균소득액을 의미한다. 여기서 우리가 주목해야 할 것은 바로 A값이다. 국민연금은 내가 낸 돈만 계산되는 것이 아니고, 내가 은퇴하기 직전 우리나라 연금가입자의 3년간 평균

소득도 포함이 된다. 다시 말해 A값은 모든 가입자에게 동등한 값이 적용될 것이고, B값은 개인마다 차이가 있을 수 있다는 이야기다. 결국 국민연금의 A값은 계층 간 급여율을 상쇄시키는 효과를 갖고 있다.

표에서 제시된 예를 설명해보겠다.

국민연금 가입자의 3년간 평균소득액을 200만 원이라 가정했을 때, 갑은 평균소득액이 300만 원으로 A값이 B값보다 작은 경우이다(A<B). 을은 자신의 평균소득액이 전체 가입자의 소득액과 같은 경우이다(A=B). 병은 평균소득액이 100만 원으로 전체 가입자의 소득보다 적은 경우이다(A>B). 이들 모두 25년간 연금에 가입했다고 가정했을 때 n값은 60이다.

이들이 받게 될 연금은 갑은 월 200만 원으로 이는 자신의 소득값(B값) 대비 66.7퍼센트에 해당한다. 즉 66.7퍼센트가 갑의 소득대체율이 된다. 을의 경우 월 평균 연금액은 160만 원으로 소득대체율은 80퍼센트, 병의 월 평균 연금액은 120만 원으로 소득대체율은 120퍼센트로 볼 수 있다(앞에서 설명했듯이 이것은 실제 받는 연금액이 아니다. 국민연금 소득대체율의 성격을 보여주기 위해 만든 아주 단순화된 예이다. 실제 연금액의 산정에는 이것보다 더 많은 변수들이 반영된다. 예를 들어 1990년대나 2000년대 연금을 가입한 사람들의 경우 소득대체율 상수값은 1.2보다 높을 것이다).

즉 우리나라의 국민연금은 소득이 낮은 집단에게 더 유리하게 설계되었다는 것이다. 그리고 이것은 국민연금이 갖고 있는 하나의 특성(계층 간 소득 재분배 기능)을 잘 보여준다. 계층 간 소득 재분배를 유도하는 이러한 제도의 설계를 지지하는지, 그렇지 않은지 여부는 개인의 도덕적 판단의 문제일 수 있다.

그렇다면 국민연금은 평균 이상 소득자에게 불리한 제도란 말인가? '뭐야, 난 평균소득이 300만 원은 넘는데 그럼 나는 손해를 본단 말이야?' 이렇게 생각을 할 수 있다. 국민연금제도가 상대적으로 저소득 계층에게 유리하게 설계된 것은 사실이지만, 그렇다고 이말이 절대 다른 계층이 손해를 본다는 이야기는 아니다.

우선 국민연금은 가입자가 죽을 때까지 받을 수 있는 급여다. 이말은 오래 살수록 연금을 많이 받는다는 의미를 갖는다. 통계적 수치이긴 하지만 평균 수명은 소득 수준과 관련이 있는데, 평균소득이 높을수록 평균 수명이 길다.

하지만 평균 수명을 떠나서라도 국민연금은 평균 이상 소득자에게 절대 손해를 주는 제도가 아니다. 이것을 이해하기 위해서는 국민연금의 수익률 또는 수익비 개념에 대해 알아야 한다.

수익비는 1을 기준으로 보는데, 수익비가 1이라는 것은 내가 낸 보험료의 총액과 받게 되는 연금액의 총액이 같다는 것을 의미한다. 다음 페이지의 표를 살펴보면 연금의 개정 전후로 그 수익비가 다소 차이는 있지만, 모든 소득 계층은 수익비가 1이 넘는다는 것을 알 수 있다. 이말은 모든 계층에서 본인이 낸 보험료보다 더 많은 연금을 받는다는 것을 의미한다.

소득 수준별 국민연금 수익비

가입연도	소득별 구분	50만원	159만원	360만원
1988년	현행	4.4	2.7	2.0
	개정	4.4	2.4	1.7
1999년	현행	4.1	2.4	1.7
	개정	4.0	1.9	1.4
2008년	현행	4.2	2.5	1.8
	개정	3.7	1.8	1.3
2028년	현행	4.2	2.5	1.8
	개정	3.6	1.7	1.2

수익비를 보면 어느 소득 계층도 본인이 낸 돈보다 적게 받지는 않는다. 오히려 더 받는 셈이다. 그리고 어떠한 민간 보험회사의 상품도 시장의 원리상 수익비 1을 넘지 못한다. 예전에 어느 연금 전문가가 강연장에서 국민연금보다 수익비가 높은 민간 보험을 찾아오면 밥을 사주겠다고 한 적이 있는데, 아마 빈말은 아닐 것이다.

그렇다면 어떻게 국민연금의 수익비가 1을 넘을 수 있단 말인가? 내가 낸 돈보다 어떻게 더 많이 받게 되는 건가? 바로 이 부분이 국민연금이 지닌 세대 간 연대를 의미한다. 우리나라의 국민연금은 시민을 위한 제도로 설계되었다. 그리고 이 제도가 지향하는 가치는 소득 계층 간 그리고 세대 간 연대이다. 우리 모두가 함께 우리의 노후를 대비하는 것이 바로 국민연금이 지닌 가치다.

서구의 선진 복지국가 연금제도가 100여 년에 걸쳐 시행착오를 거쳐온 것을 생각해보면, 현재 우리나라 연금제도에 대해 일어나는 각종 오해와 불신은 어쩌면 당연한 것일지도 모르겠다. 국민연금은 도입되는 과정에서 현재에 이르기까지 계속 불신과 반감을 사고 있으며 오히려 서민을 갈취하는 수단으로 인식되어지고 있다.

과연 국민연금은 시민의 편에 설 수 있을 것인가?

정책이 시민의 편에 서기 위해서는 시민들의 지지가 필요하다는 것을 우리는 서구 선진 국가들의 예를 통해 알아봤다. 정책이 지닌 가치와 목표를 시민들이 동조하고 지지할 때, 그리고 그것을 지키기 위해 노력할 때 정책은 시민의 편에 설 수 있게 된다.

그렇다면 지금 우리는 국민연금이 가진 정책의 가치와 목표를 제대로 이해하고 지지하고 있는가? 국민연금 재정 고갈설, 연금 파탄설……. 여러 가지 이야기들에 흔들리기 전에 한번 생각해 보자. 만약 국민연금의 목표와 가치에 동의한다면, 그래서 이 제도를 우리의 것으로 만들기로 했다면, 지금 흘러나오는 수많은 위기설은 해결 가능한 문제가 된다.

국민연금을 진정한 국민의 연금으로 만들 수 있는 것은 우리의 몫이다.

국가가 당신을 책임질 것입니다
스웨덴은 어떻게 환자를 돌보는가

여기 있는 동안 절대 병원에 가지 않으리라 생각했었다.

스웨덴 의료제도가 국가가 전액 보조해주는 제도(물론 개인 부담금이 있지만, 상한선이 정해져 있다)라고는 하지만, 여기 와서 만난 한국인들에게 스웨덴 병원에 대한 불만을 너무 많이 들었기 때문이다.

내가 알기로 스웨덴은 OECD 국가들 중 의료서비스 정책의 만족도가 높은 국가였다. 특히 1차 진료와 전문 진료 간의 분담도 철저하기 때문에 진료에 대한 만족도가 높은 것으로 알고 있었다. 그런데 집에서 톱질을 하다 그만 손가락을 베어 달랑거리는 손가락을 들고 정신없이 응급실에 갔지만 마냥 진료를 기다리다 약간 삐뚤어진 채 손가락이 붙어버리고 말았다던 이야기부터 응급실에 가서도 번호표를 들고 순서를 기다려야 한다는 이야기, 장염이나 홍역에 걸리면 전염성 질병이기 때문에 절대 병원에 오지 못하게 한다는 이야기 등 정말 한국 병원과 달라도 너무 다른 여기 병원의 이야기는 거의 괴담 수준에 가까웠다.

실제로 아는 언니네 아이가 내리막길에서 넘어져 턱이 찢어진 일이 있었다. 저녁때쯤 응급실에 간 언니는 다음날 아침 일곱 시가 다 돼서야 병원에서 나올 수 있었다. 그런데 더 기가 막힌 사실은 병원에서 아이에게 해준 처방이라고는 찢어진 부위를 소독하고 밴드(일반 약국에서 흔히 살 수 있는) 하나만 떡 하니 붙여주는 데 그쳤다는 것이다. 고작 이 밴드 하나 붙이려고 꼬박 밤을 새며 우는 아이를 달래고 병원에서 지냈나 생각하니, 언니는 화가 치밀어 올랐다고 한다.

뭐지? 스웨덴 의료 모델을 치켜세우기에는 뭔가 미심쩍은 부분이 있었다.

스웨덴 와서 집을 구하고 주소를 등록하자, 아이 치과 검진 통지서가 날라왔다(스웨덴에서 치과는 일반 의료 제도에 포함되어 있지 않지만, 19세 미만에게는 치과 진료가 무료다). 병원이 바로 집 앞이기도 하고 당시 아이의 이 하나가 흔들리기도 해서, 가는 김에 흔들리는 이도 좀 빼야겠다는 심산으로 병원에 갔다. 엑스레이도 찍어주고, 아주 꼼꼼하게 아이 이를 살펴보면서 의사는 이 관리가 잘 되어 있다고 칭찬을 해줬다.

그리고 "흠……. 이 하나가 흔들리는구나" 하고 아이를 바라보는 것이 아닌가. 옳거니 그럼 저 이를 빼주겠구나, 하고 내심 기대하고 있는데 의사가 아이에게 한다는 말이 "당근을 많이 먹어야겠네~" 였다. 처음에는 의사분이 농담을 하는 거라고 생각했다. 그래서 웃으며 이를 오늘 뺄 수 있는지 물어봤다. 그랬더니 의사는 다시 웃으며, 당근을 많이 먹으라고 했다.

'뭐? 당근? 딱딱한 당근을 먹다 이를 빼라는 거야?' 의사의 표정을 보니, 농담이 아니라 진담인 거 같았다. 물론 당황하기는 아이도 마찬가지였다. 이를 뺄 수 있다고 해서 긴장하며 병원에 갔는데, 당근을 먹으라고 하니 내심 좋기도 하지만, 이런 의사를 처음 만나보니 아이도 어리둥절한 모양이있다.

"엄마, 저 선생님이 지금 나보고 당근 먹으라고 한 거 맞죠?"

병원을 나서면서 아이가 재차 확인을 했다.

치과 의사한테 이를 빼러 갔더니 당근을 먹으라는 처방이나 하고 말이야! 친절한 것은 좋지만, 뭔가 석연찮았다. '절대 여기 병원을 가면 안 되겠군.' 나는 다시 한 번 다짐을 했다.

'나 같은 환자가 여기 있었다면, 진작 죽었겠구나'라는 생각이 들었다.

나는 한국에서 2013년에 머리 수술을 했었다. 당시 나의 상황은 절망스러웠고, 위급했다. 하지만 이틀에 걸친 큰 수술을 성공적으로 마치고 나는 이렇게 잘 살고 있다. '만약 내가 이런 곳에서 아팠다면, 십중팔구는 죽었겠구나'라는 생각이 들었다. 스웨덴이 아무리 좋아도, 병원들이 이 모양이니 여기서 살라고 해도 나는 못 살겠다고 남편에게 이야기했다. 그 정도로 스웨덴 병원과 의료 시스템에 불신이 생겼다.

물론 작은 질병과 감기 증상에도 걸핏하면 병원을 찾는 것도 문제지만, 위급해서 응급실에 간 사람들에게도 "줄을 서시오~"하는 것은 좀 너무하다는 생각이 들었다.

그런데 문제는 내가 매일 복용해야 하는 약이 점점 떨어지고 있다는 것이었다. 본인이 아니면 약 처방이 어렵기 때문에 약 처방을 받기 위해서는 한국을 다녀와야 하는 상황이었다. 하지만 약 때문에 비행기를 타고 한국에 다녀와야 한다는 것은 여러 모로 부담스러운 일이었다.

점점 약이 떨어져가고 있을 무렵, 바박 아저씨를 만났다.

"요새 잘 지내고 있어?"라고 안부를 묻는 아저씨에게 나는 내 고민을 털어놓았다. 그냥 지나치며 인사나 건넸던 아저씨는 졸지에 나에게 발목이 잡힌 꼴이 되었다. 내 고민을 듣던 아저씨는 뭐가 문제가 되냐며, 병원에 가서 약 처방을 받으라고 했다. 그러면서 나의 지정 병원을 물어봤다. 스웨덴은 병원(담당 의사) 지정을 당사자가 직접 할 수 있는데, 가족 전체가 한 의사에게 진료를 받아도 되고, 따로 의사를 정해도 문제가 되지 않았다. 물론 내 진료를 해주는 의사가 마음에 들지 않는다면, 도중에 다시 바꿀 수도 있다.

스웨덴에 온 지 얼마 되지 않아 집으로 병원을 지정하라는 통지서가 날아왔고, 그 통지서 안에는 내가 선택할 수 있는 병원들의 목록이 있었다. 그래도 혹시나 하는 마음에 동네 병원 중 하나를 선택한 상태였다. 물론 선택만 하고 단 한 번도 그 병원에 가서 진료를 받은 적은 없었다(스웨덴에서 일반 진료는 주치의나 산부인과의 등을 의미하는 가정의, 구급 의료, 선정 의료, 입원 의료, 외래 의료, 전문 의료, 치과의의 7가지로 분류되어 있고, 1차 진료의의 90퍼센트는 국가에서 운영하는 의료기관의 공공 의사가 제공하고 있다. 스웨덴 의료기관의 대부분은 공공 시설이지만, 소수 민간 시설도 존재한다).

바박 아저씨는 나에게 다른 병원을 추천해 주셨다. 그래도 여기에서 30여 년을 넘게 산 아저씨의 말을 듣는 것이 낫겠다 싶어 당장 병원 홈페이지에 들어가 지정 병원을 변경했다. 그리고 별 기대는 하지 않았지만, 아저씨 말대로 병원 예약을 했다. 내 예약이 접수되었다는 메일이 왔고, 예약 날짜에 맞춰 나는 병원에 갔다.

집에서 걸어서 한 10분쯤 거리에 병원이 있었다. 'To Care', 내가 예약한 병원 이름이다.

병원은 작았지만, 안락하고 깔끔했다. 예약 시간보다 한 20분 먼저 도착한 나는 병원 입구 접수처에서 예약 확인을 했다. 병원 직원처럼 보이는 두 명의 여성은 유니폼이 아닌 사복을 입고 있었다. 물론 본인 명찰은 차고 있었다. 내 이름을 확인하고는 한 분이 나와 남편이 대기할 곳으로 안내했다. 여기서 기다리고 있으란다. 그렇게 기다리고 있으니, 회색 트레이닝복에 운동화를 신은 키가 훤칠한 한 여성분이 내 이름을 불렀다.

우선 옷차림새만 봐서는 이 사람이 간호사인지 의사인지 알 수가 없어 당황했다. 병원 직원인가? 어리둥절해 하며 일어나니 그 여성분이 성큼성큼 나에게 다가왔다. 자신의 이름을 소개하며, 간단한 인사를 건넸다.

'다리아 에릭슨'. 웃음마저 시원시원한 이 여성은 나의 주치의다.

다리아의 진료실은 아늑하고 좋은 향기가 났다. 소독약 냄새로 기억되는 그리고 항상 북적이고 비좁던 한국의 진료실과는 사뭇 다른 분위기였다.

그녀는 나에 대한 기본 정보를 직접 입력하면서 왜 내가 병원에 왔는지 물어봤다. 나는 2013년에 내가 어떠한 수술을 했고 그 후 계속 약을 복용하는 상황에 대해 설명했다. 나의 이야기에 다리아는 경청을 해 주었다. "아주 큰 수술을 했군요" "당신은 엄청난 행운아다" 이런 말들을 하며, 그녀는 정말 내 말을 귀담아 들어줬다.

순간 나는 내가 그토록 오래 병원을 다녔지만, 이렇게 내 이야기를 들어준 의사가 있었던가 하는 생각이 들었다. 항상 내가 찾아간 의사들은 시간에 쫓기고 있었다. 나를 수술해주신 의사선생님은 빽빽한 진료 스케줄로 인해 점심조차 거르며 진료를 하고 계셨다(대형병원은 환자에게도 의사에게도 녹록치 않는 공간이었던 거 같다). 다리아는 내가 만나왔던 의사들과 전혀 달랐다. 그날 나는 내 약을 다 처방받았다. 그것도 1년치를 받았다. 물론 약은 내가 필요한 때, 주변 가까운 약국에서 언제든 다시 살 수 있다(처방약 역시 환자의 연간 본인 부담 상한액이 정해져 있어, 초과분은 국가에서 부담을 한다. 약국은 모두 병원과의 네트워크로 연결되어 있으며, 스웨덴 어느 약국에서도 처방을 받을 수 있다. 처방 데이터가 약국 정보 네트워크로 전송되기 때문에 전자 약력을 참조하고 필요한 약만 처방받을 수 있는 시스템이 구비되어 있다).

그리고 간단한 피 검사와 일반적인 검사를 받았다. 다리아는 한국에서 가지고 온 내 진단서를 보고, 내가 이제 곧 MRI를 찍어야 한다는 사실도 놓치지 않았디. 솔직히 나는 약 처방을 받았다는 것만으로도 대만족을 하고 있었다. 그런데 나에게 MRI 검사 예약을 잡아 주겠다고 하는 게 아닌가? MRI는 상당히 부담이 되는 검진이었다. 한국에서도 수술 전후로 MRI를 찍었고, 수술 1년 후에도 경과를 보기 위해 찍었었다. 필수적인 검사이므로 MRI를 찍기는 했지만, 그 비용이 비싸기 때문에 적잖게 부담이 되었다. 검사 비용을 내면서 어떻게 이렇게 평생을 지내나 하는 생각에 우울해지기도 했다. 그런데 그런 MRI 검진을 여기서 받으란다. 고작 200크로나를 내고 말이다(스웨덴에서는 보통 의료비의 본인 부담 상한액이 설정되어 있으며, 외래 진료는 연간 900크로나, 입원은 하루 80크로나, 약제비는 연간 1,800크로나다. 물론 치과 진료를 포함한 모든 병원 진료에서 19세 미만의 어린이는 무료다. 참고로 2019년 3월 기준 스웨덴 1크로나는 한화로 121원이다).

물론 우리나라 건강 보험에도 의료비 상한제가 있다. 하지만 그 상한선의 기준이 스웨덴보다 훨씬 높다. 무엇보다 더 큰 문제는 건강보험에 포함되지 않는 비급여 부분이 너무 많다는 것이다. MRI 역시 비급여 항목으로 환자가 100퍼센트 자기 부담으로 검진료를 내야 한다. 내가 처방받은 약 중에도 비급여인 약이 포함되어 있었기 때문에 약값이 만만치 않았다.

MRI 예약을 잡고, 우리나라로 치면 영상의학과만 있는 병원으로 가서 MRI를 찍었다. 그리고 며칠이 지나고 다리아에게서 편지 한 통이 날아왔다. 내가 찍은 MRI 결과(스웨덴어로 적혀 있었다)와 이것에 대한 자세한 설명을 위해 카롤린스카 대학병원Karolinska Institute 신경외과 의사와 상담할 수 있는 날짜를 잡았다는 것이다. 그리고 며칠 후 카롤린스카 대학병원의 피터라는 의사로부터 나의 진료 날짜와 그날 진료비(350크로나였다. 종합대학병원이기 때문에 진료비가 높았다) 그리고 어떻게 병원에 오는지에 대한 안내가 상세히 적힌 메일이 도착했다.

그날 한국인 통역사가 나를 기다리고 있을 거라는 내용도 적혀 있었다. 안 그래도 언어 때문에 나는 내심 걱정을 하고 있었다. 주변에 수소문이라도 해서 스웨덴어 잘 하시는 한국 분을 구해야 하나 고민을 하고 있었다. 그런데 병원 측에서 한국인 통역사를 준비하겠다고 연락이 온 것이다. 정말 대단하지 않은가!

상담을 예약한 그날, 나는 카롤린스카 대학병원에 갔다. 접수처에서 진료비를 내고 로비에 앉아 기다리고 있으니 피터가 내 이름을 불렀다. 서글서글한 눈매가 인상적인 피터는 나를 만나는 내내 익살스러운 농담을 하며 편안하게 해주었다(물론 가끔 나는 피터가 던진 농담을 이해할 수 없어서, 예의상 웃기도 했다). 피터 역시 다리아와 마찬가지로 나에게 간단하게 본인 소개를 했다. 아마도 여기 스웨덴 의사들은 직접 이렇게 환자들에게 마중 나오고 자신의 진료실로 안내하면서 본인의 소개를 간단히 하는 듯했다. 긴 복도에는 여러 진료실들이 늘어져 있었다. 피터는 자기가 '14'라는 숫자를 좋아한다고 이야기하며 자신의 방인 14번 진료실로 안내했다.

나도 '14'가 좋다고 했다. 우리 딸의 생일이 9월 14일이라서.

내가 자리에 앉자, 피터는 간단하게 몇 가지 질문을 한 뒤 통역사를 불렀다.

한 중년 여성분이 들어오셨다. 그분은 자신을 간단히 소개하며 본인의 통역은 어느 쪽도 아닌 중립을 지키며 환자의 개인 정보 및 통역 내용에 대한 비밀을 엄수하겠다는 등 자신의 행동 규칙을 설명하셨다. 통역을 해주시는 분이 있으니 내 마음도 한결 편해졌다.

여러 가지 이야기를 피터와 나누다 보니 시간은 30여 분을 훌쩍 넘겼다. 피터는 내년 초 내 몸에 흐르는 전체적인 혈류량을 검사하자고 제안을 했고, 왜 그러한 검사가 필요한지 설명해줬다. 다음 예약에 대한 이야기를 나눈 뒤 나는 진료실을 나왔다. 피터는 진료실 밖까지 배웅을 나오며 올 겨울은 여느 해보다 따뜻할 거 같다고, 지구 온난화를 방조하는 미국 대통령 트럼프에게 감사해야겠다고 농담까지 했다.

나는 큰 병에 걸렸고, 수술 끝에 살아났다. 그리고 나는 평생 약을 먹어야 하는 사람이다. 하지만 나는 나의 수술 부위에 대한 정확한 설명과 내가 먹고 있는 약들이 내 몸에 미칠 영향, 그리고 현재 나의 상황과 앞으로 살면서 내가 어떠한 관리를 받아야 하는지 등에 대해 전혀 들어본 적이 없었다.

내가 아팠을 당시에 나는 여러 병원에서 치료하기를 거부당한 환자였고, 나를 받아준다는 병원만 있어도 그저 황송해야 하는 처지였다. 감사하게도 좋은 의사선생님을 만나 수술을 받고 이렇게 건강하게 살고 있지만, 나는 앞으로 내가 어떻게 관리를 받아야 할지 전혀 몰랐다. 그저 5개월에 한 번씩 약을 처방받기 위해 왕복 다섯 시간 넘게 차를 타고 병원에 가서 단 10여 분 의사를 만나고 오는 것이 전부였다. 그런데 여기 스웨덴에서 나는 나의 정확한 상태와 내 약에 대해 그리고 앞으로 나의 건강 관리 계획에 대해 설명을 들었다.

피터가 그랬다.

"앞으로 남은 생애 동안 당신의 건강은 국가에서 책임지고 관리해줄 테니 걱정하지 말라"고.

아마도 피터는 내가 여기 잠시 들렀다 떠나야 하는 사람인지 몰랐을 것이다. 나는 새삼 나처럼 잠시 머무는 외국인에게도 보편적인 의료 혜택을 주는 스웨덴의 의료서비스 정책이 고맙다는 생각이 들었다. 그리고 암에 걸려 거의 죽을 뻔했던 어머니가 스웨덴에 와서 살았다는 한 이민자 친구의 이야기가 생각났다.

스웨덴의 의료제도는 목숨이 경각에 달려 있는 위급한 환자나 중증 질환자만 관리를 한다고 이야기하는 사람도 있다. 그래서 감기나 장염 혹은 골절 등과 같이 일상생활에서 자주 발생할 수 있는 질병에는 별 치료나 처방이 없다고 이야기한다. 맞다. 흔들리는 이를 보고 당근을 많이 먹으라고 처방한 치과 의사처럼 말이다.

하지만 스웨덴은 나 같은 중증 질환자에게는 참 고마운 국가다. 그리고 내가 만난 스웨덴 의사들은 친절했고, 신뢰할 수 있었다. 말도 잘 안 통하는 그들에게 나는 든든함을 느낄 수 있었다. 그들이 내 말에 경청하며 내 상태를 체크하고 최선을 다해 설명하고 있다는 것을 나는 충분히 느낄 수 있었다.

환자가 몸을 병원에 맡겨야 하는 상황에서 의사를 믿을 수 없다면, 그 두려움은 상상을 초월한다. 극심한 고통 중에 있고 내 몸에 뭔가 큰 이상이 있다는 것은 알지만, 도대체 무엇이 잘못된 것인지 알 수 없다면, 그리고 그 누구도 자세한 설명을 해주지 않는다면 환자는 신체적 아픔을 넘어 극심한 불안을 느낀다.

나는 그것을 경험했다. 그 막막함과 외로움을 말이다. 심지어 내가 아픈 부위는 나의 질병과 연관이 없다며 내 말을 비웃은 의사도

있었다. 나는 내 오른쪽 눈을 도려내고 싶을 정도로 아픈데, 의사들
은 내 머리의 이상과 내 오른쪽 눈의 통증은 아무런 관련이 없다고
나의 의견을 묵살하기 일쑤였다. 하지만 나는 분명히 너무 아팠다.
수술을 통해 내 눈의 통증은 내 머릿속 혈관 중 하나의 이상과 관련
이 있다는 것이 밝혀졌다.

우리나라 의료보험제도는 상당히 높은 수준의 의료서비스를 제
공하고 있다. 하지만 실제 의료 현장에서 이루어지는 진료서비스
의 질이 높다고 할 수 있을지는 의문이다. 값비싼 최첨단 장비로 온
갖 검사를 하는 것만이 진료의 전부가 아니다.

제도의 개선과 더불어 의료서비스 질에 대한 개선도 필요하다.
우리는 우리의 몸에 대한 전문가의 조언과 치료를 받기 위해 병원
에 가는 것이다. 그들의 말을 귀담아듣는 것은 그들이 인격적으로
훌륭해서가 아니라, 그들이 이 분야에 관한 전문가이기 때문이다.
그들의 전문성을 믿기에 우리는 그들의 의견을 존중한다.

스웨덴 병원의 강점은 환자의 본인 부담금이 낮아서, 중증 질환
자라 해도 그리고 평생 병원의 관리를 받아야 하는 환자들이라 해
도 부담 없이 삶을 유지할 수 있다는 것이었다. 그나마 다행스러운
것은 문재인 정부가 그동안 건강보험의 혜택에서 제외됐던 특정 약
물과 MRI 같은 검사들을 2022년까지 단계적으로 건강보험에 적용
시킨다고 발표했다는 것이다. 그동안 보험에 적용되지 않는 비급여

부분으로 인해 본인 부담률이 높았던 많은 환자들이 혜택을 볼 수 있을 것으로 예상된다. 하지만 기본적인 본인 부담금 역시 낮아져야 한다.

또 하나의 인상적인 부분은 스웨덴의 의료 시스템이었다. 처음에 진료를 예약한 것은 나 혼자였지만, 나의 질병이 중증이라고 판단되는 순간 스웨덴의 의료 시스템은 아주 체계적으로 작동하기 시작했다. 1차 진료 기관에 검사를 의뢰하고, 검사 결과 질병이 확인되는 순간, 치료에 적합한 병원으로 바로 연결을 시켜줬다. 환자가 알아서 병원을 찾아봐야 할 일은 없었다. 나는 그저 이들이 제공하는 정보에 따라 움직이기만 하면 됐다.

정보가 홍수처럼 쏟아지고 누구나 쉽게 정보에 접근할 수 있는 현대 사회라고 하지만, 환자가 자신의 질병과 치료에 대해 정확한 정보를 선택하는 것은 쉽지 않다. 그래서 전문가의 도움이 필요한 것이다. 스웨덴의 의료 시스템은 나의 질병과 치료에 대해 내가 선택을 하는 것이 아니라 전문가의 선택과 조언에 따라가는 시스템이었다.

물론 이러한 시스템을 두고 환자의 자기 결정권을 무시한 처사라는 비판도 있다. 하지만 환자의 자기 결정권과 정보의 올바른 선택은 전문적인 지식을 바탕으로 한 정확한 정보가 공정하게 환자 자신에게 주어졌을 때만 가능하다. 즉 정확하고 공정한 정보를 바탕으로 환자가 여러 기관을 두고 비교·평가할 수 있을 때 진정한 자기 결정권 행사가 가능하다. 하지만 의료와 같이 전문적인 영역에서 병원과 치료 방법을 선택하는 것은 일반 환자(소비자)에게 현실적으로 매우 어려운 일이다. 그렇기 때문에 많은 사람들이 무작정 큰 병원, 대학병원, 종합병원을 가려고 하는 것이다. 또한 우리나라처럼 공공 기관과 민간 의료 기관이 공존하는 의료시장 안에서 소비자들은 자신들의 경제력을 바탕으로 정보를 선택할 가능성이 높다. 이 말은 의료서비스 선택에서 계층 간 경제적 격차가 발생할 수 있다는 것이다.

나는 스웨덴의 1차 진료 시스템에 만족하고 있다. 무작정 큰 병원에 가기 전에, 나의 질병에 대해 상담을 하고 향후 병원의 선택에 도움을 줄 주치의가 우리에게도 필요하다는 생각이 든다.

내가 들었던 스웨덴 응급실 괴담은 아마도 사실일 것이다. 물론 약간의 과장도 있을지 모르겠지만, 그 역시 스웨덴 의료서비스의 한 단면임에는 확실하다.

하지만 내가 경험한 스웨덴의 의료서비스 역시 사실이다. 아픈 환자들의 말을 경청하며 신뢰를 주는 의사들도 사실이며, 진료 예약부터 약 처방까지 효율적으로 운영되는 의료 시스템 역시 사실이다. 그리고 치료에 대한 모든 것은 국가가 책임질 테니 걱정하지 말라는 조언도 사실이다.

2018년 총선에서 스웨덴의 가장 큰 정치적 이슈는 바로 의료보험의 개선이었다. 나는 스웨덴 의료보험 제도가 완벽하다고 생각하지 않는다. 하지만 이들은 국가가 아픈 시민을 책임져야 한다는 가치를 갖고 전국민 의료보험을 만들었고, 이러한 가치는 흔들리지 않았다. 물론 인구구조의 변화와 같은 외부 요인으로 인해 의료보험은 개선에 개선을 거듭할 것이다. 하지만 나는 스웨덴의 의료 시스템을 믿는다. 이 정책이 갖고 있는 가치를 존중한다.

여기 있는 동안 나는 병원을 즐겁게 다닐 것이다.

그럼에도, 가족은 사라지지 않는다
치매 환자를 대하는 가족의 얼굴

"할머니, 이 신발 신고 어디 가실 건데요?"

우리 할머니는 신발을 품에 꼭 껴안고 계셨다. 어디를 가든 신발을 꼭 챙겨야 안심을 하시고, 심지어 가족과 함께 있어도 자신의 신발을 꼭 챙기신다.

누가 가져가지도 않는 신발인데, 왜 할머니는 그토록 신발에 집착을 하시는지 궁금했다.

"할머니, 이 신발 신고 어디 가시려고요?"

나는 재차 물어봤다.

불안한 시선의 할머니는 잠시 망설이다, 나지막히 말씀하셨다.

"우리 엄마한테 가야 해요. 우리 임마기 니 찿을 거예요. 엄마가 나 찾기 전에 집에 가야 하는데……."

여든을 훌쩍 넘긴 할머니의 어머니는 돌아가신 지 오래다.

할머니는 그 긴 삶 중 어디에 머물고 계신 것일까?

할머니는 치매를 앓고 계셨다.

치매는 가족에게도 그리고 당사자에게도 너무 가혹하고 잔인한 병이다. 사랑하는 가족과 현재의 나 자신조차 잊어버리게 만드는 망각의 병, 치매.

가족과 같이 있지만, 현재의 가족을 기억할 수 없는 할머니는 어떤 기분이셨을까? 아마도 모르는 사람들이 항상 주변을 둘러싸고 있다는 두려움과 외로움 속에 있지는 않으셨을까? 할머니를 생각하면 저절로 생기는 묵직한 마음을 떨쳐버릴 수 없었다.

한 신문에서 현대인들이 가장 무서워하는 질병이 치매라는 기사를 봤다. 암보다 치매를 더 무서워한다는 것이었다. 그래서인지 스웨덴의 치매 요양원 방문을 계획하는 그 시점부터 나의 마음은 가볍지 않았다. 치매라는 그 질병의 무게가 나에게 너무 무겁게 다가왔기 때문이다.

요양원을 방문하는 그날은 눈이 소복하게 내린 날이었다.

건물 앞에 조그맣게 달린 간판이 없었다면, 나는 이 노인시설과 주변의 다른 주택 건물들을 구분할 수 없었을 것이다. 이 시설뿐 아니라 다음에 방문한 시설들도 그랬지만, 노인시설이라고 특별하게 부각되는 외형이 아니라 일반 주택과 같이 지어졌다는 것이 특이했다. 주변에 있는 다른 건물들과 특별한 차이점이 없었다.

노인 치매 요양시설 로비에 들어서는 순간, 나는 참 아늑하다는 생각이 들었다. 마침 내가 방문한 시간은 어르신들이 식사를 마치고 나른하게 휴식을 취하고 계실 때였다. 흘러간 스웨덴 가요가 어르신들이 쉬고 계시는 로비에 흐르고 있었다. 다들 아시는 노래인지 흥얼거리며 따라 부르시는 분도 있고, 음악에 취해 손으로 리듬을 타는 분도 계셨다.

이 기관은 총 4개의 유닛으로 구분이 되는데, 한 유닛 당 8명이 함께 생활을 하고 계셨다. 그러니까 이 기관에 계시는 치매 노인들은 총 32명이 된다. 물론 어르신들은 각자 자신만의 방을 갖고 있었다.

공동 생활 공간인 식당과 로비에 앉아 노인들을 지켜보고 있는데, 문득 정말 이 분들이 치매 노인들이 맞나 하는 생각이 들었다. 그래서 안내를 해주시는 분께 이 분들이 정말 치매 노인이 맞는지 확인을 부탁했다. 기관 담당자인 애니는 이 곳은 치매 판정을 받지 못하면 들어올 수 없는 곳이라 설명해줬다.

물론 아주 활동적이지는 않지만, 이곳에 있는 어르신들은 음악에 따라 노래를 부르고, 레크레이션 시간에 박수를 치며 웃고, 서로 만나면 인사를 하고, 본인 담당 간병인에게 손을 흔들고 웃고 대화하며 평화롭고 여유로운 모습을 보였다. 하지만 요양원 원장인 애니의 말에 따르면, 여기 계시는 분들의 대부분은 중증 치매 환자들이고, 여기서 여생을 보내신다고 했다.

잔잔한 옛 노래와 겨울 햇살이지만 로비 구석구석 비추는 햇살

덕분에 나조차 나른해지고 있었다. 간간히 나지막한 이야기소리와 웃음소리가 들려오는 이곳은 편안함과 느긋함 그 자체였다. 시간조차 조용하게 흐르는 듯했다.

여유롭고 한적한 이 느낌이 어디서 비롯되는 것인지를 살펴봤다. 나는 노인들이 생활하는 공간의 면적이 상당히 넓다는 것을 확인할 수 있었다. 아니, 여기서 생활하는 노인들의 수가 적다고 해야 맞는 표현일 것이다. 이 기관의 전체 사용자 수는 서른 명 남짓이지만, 한 유닛(방 8개, 공동 식당, 공동 로비, 간호사실 등으로 구성되어 있다)에서 생활하는 노인의 수는 총 8명이다.

이 기관이 유난히 특별해서 사용자 수가 적게 운영되는 것이 아니다. 다른 기관들 역시 소규모로 운영된다. 내가 말하는 '소규모'란 기관의 시설이 작다는 뜻이 아니라 기관에서 돌보는 노인들의 수가 적다는 것을 의미한다. 이렇게 소규모로 운영되는 이유는 스웨덴의 모든 노인시설이 지자체의 책임 하에서 운영되기 때문이다. 스웨덴 노인시설의 운영과 관리 책임은 모두 지방정부 '코뮌Kommun'에게 있다.

하지만 내가 가장 놀란 부분은 바로 어르신들이 지내는 각각의 방이었다. 모든 방의 구조가 동일하지만, 그 모습은 제각각이었다. 가구는 물론 전등까지 어르신들의 방은 각자 자신만의 개성이 담긴 물건들로 채워져 있었다. 말 그대로 본인의 방이었다. 그리고 그 방에서 나의 눈길을 끈 것은 바로 이분들의 삶과 가족들이 간직된 사진이었다. 비록 지금은 그 시절을 기억하실지 모르겠지만, 이 방 주인인 할머니와 할아버지들이 치매를 앓기 전 어떠한 분이셨을지 사진을 보면서 충분히 짐작할 수 있었다.

한 할아버지 방에는 매년 본인의 빨간 집 앞에서 찍었던 사진들이 있었다. 젊은 시절부터 결혼을 해서 자녀들이 하나씩 늘어나는 장면들, 그리고 다시 부부만 남아 있는 장면까지 흑백사진에서 컬러사진으로 쭉 걸려 있었다. 아마 이 할아버지에게 그 집은 평생을 같이한 공간 이상의 특별한 의미를 갖는 듯했다. 그런데 그곳을 떠나 이곳으로 오시게 되다니……. 마음이 먹먹했다.

다른 방 역시 방 주인의 추억으로 가득한 물건들이 공간을 채우고 있었다. 그리고 방 벽면에는 가족들이 보낸 그림과 엽서들이 여기저기 걸려 있었다.

그랬다. 여기는 가족들의 공간이기도 했다.

비록 치매에 걸렸지만 이들은 가족과의 추억과 사랑을 간직한 채 여기 요양원에 온 것이다.

나는 치매 요양원을 방문할 때마다 기관 담당자에게 노인분들의 가족이 자주 방문하는지 물어본다. 물론 저마다 차이는 있지만, 많은 어르신의 가족들이 자주 들른다고 한다. 언제 주로 방문하는지 물었더니 자녀들이 출퇴근할 때 들르기도 하고 손주들이 학교 끝나고 들르기도 한단다. 그저 일상으로 찾아오는 것이 대부분이라 했다.

'일상으로 부모님을 뵈러 온다고?'

■■■ 스웨덴 요양시설 로비의 모습.

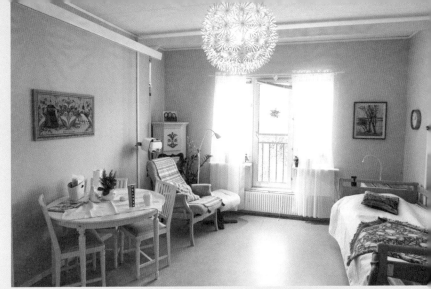

스웨덴 요양시설에 있는 할머니와 할아버지의 방. 전등에서 사진까지 모두 그들만의 손길과 역사가 담겨 있다.

내가 방문한 요양기관은 전부 그 동네의 중심가에 있었다. 지하철역 근처 혹은 버스역 근처로 교통도 편리한 곳에 위치했다. 대부분의 스웨덴 노인시설은 코뮌에서 직접 운영하거나 혹은 위탁 경영을 하기 때문에 시내에 위치해 있다. 이것은 내가 사는 곳과 그리 멀지 않은 곳에서 부모님을 모실 수 있다는 말이 된다. 그렇다 보니 주말에 시간을 내서 혹은 휴가를 내고 찾아가야 하는 번거로움이 없다. 자녀들은 출근하면서 혹은 퇴근하고 어머니와 아버지를 보러 갈 수 있다. 손주들은 학교 끝나고 집에 가는 길에 할머니와 할아버지를 뵈러 갈 수 있다.

치매는 본인에게도 잔인하지만 가족들에게도 잔인한 질병이다.

치매가 더 가슴 아프고 잔인하다고 느꼈던 때는 할머니가 어머니와 외삼촌들을 알아보지 못하는 순간이었다. 가족을 잊어버리는 병, 치매.

하지만 치매의 비극은 비단 가족을 잊는 것에서 그치지 않는다. 우리는 종종 치매에 걸린 가족 구성원에 대한 돌봄이 너무 버겁고 힘들어 극단적인 선택을 하는 슬픈 이야기를 듣곤 한다. 치매에 걸린 남편을 죽인 부인, 치매에 걸린 아버지와 자살을 한 아들 이야기……. 치매는 한 가족이 부담하기에는 너무 가혹하고 버거운 병이다.

여러분들에게 질문 하나를 하겠다.

병을 앓고 있는 가족 구성원을 과연 누가 돌봐야 할까? 부모가 편찮으실 때나 아이가 아플 때 과연 누가 돌봐야 할까? 치매에 걸린 노인분들은 누가 책임져야 할까?

나의 대답은 '가족'이다.

나의 대답이 정부, 정책이 아니라서 당황했는가? 좀 전까지 치매 노인을 돌보는 부담 때문에 빚어진 가족의 비극을 이야기해놓고는 다시 가족이 치매 노인을 돌봐야 한다고 말해서 의아한가?

그러나 아무리 국가 혹은 정책이 돌봄서비스를 잘 만들어 시행한다고 해도, 가족 구성원에 대한 '돌봄'의 책임에서 '가족'의 역할은 없어지지 않을 것이다. 가족의 돌봄을 대체할 정도로 좋은 정책은 이 세상에 없다.

가족의 돌봄이 없어지지 않을 것이라 말하는 이유는 단순하지만 강하다. 바로 돌봄이라는 행위 자체가 단순한 '노동'이 아니라 사랑과 관심을 기반으로 하는 감정의 언어이자 행위이기 때문이다. 남들에게는 그냥 우는 소리로 들리는 아이의 울음소리를 듣고 부모는 아이가 배가 고픈지, 잠이 부족한지, 몸이 아픈지를 알아챈다. 치매에 걸려 설령 자식을 못 알아보는 어머니라 해도 자식들은 우리 엄마가 혹은 우리 아빠가 좋아하는 음식을 알고, 생활 습관을 안다. 그래서 요양원에 뵈러 갈 때 부모님이 좋아하는 음식을 챙겨가고, 부모님이 좋아하는 색깔의 옷을 사 들고 간다.

가족의 돌봄은 절대 정책으로 대체할 수 없고, 사라지지 않는다. 하지만 가족의 돌봄 기능에는 하나의 역설이 숨어 있다.

유럽의 연구 결과들이기는 하지만 가족 돌봄에 대한 아주 재미있는 데이터가 있다. 바로 가족이 만나는 횟수와 돌봄 시간에 대한 데이터다. 우선 노부모를 돌보는 자녀의 비율을 보면 덴마크와 스웨덴의 경우 20퍼센트에 가까운 반면, 이탈리아와 스페인은 12퍼센트에 그친다. 또 다른 데이터는 바로 조부모가 손자를 돌보는 비율이다. 유럽 역시 조부모는 아동 돌봄에 중요한 역할자이기도 하다. 덴마크와 스웨덴에서 조부모가 손자녀를 돌보는 비율은 50퍼센트에서 60퍼센트에 육박한다. 북유럽에서 말이다. 반면 스페인과 이탈리아에서는 40퍼센트에 그친다.

남유럽 특히 스페인과 이탈리아는 가족주의가 강한 국가들이다. 가족의 가치와 가족 간의 연대가 유럽 안에서 상당히 강한 국가들로 분류된다. 반면 북유럽은 개인주의가 강한 국가로 여겨진다. 부모와 동거하는 자녀의 비율이 낮고, 노부모 역시 단독으로 사는 세대가 많다. 그런데 자녀가 노부모를 돌보는 비율과 조부모가 손자녀를 돌보는 비율을 보면, 가족주의가 강한 남유럽보다 개인주의가 강한 북유럽에서 더 높은 수치를 보이고 있다.

결과가 뒤바뀐 것이 아닌가? 어떻게 가족주의가 강한 남유럽보다 개인주의가 강한 북유럽에서 가족 간 돌봄 비율이 더 높다는 것인가? 바로 이 지점에서 우리는 돌봄에 대한 가족의 역설을 볼 수 있다. 역설이 가능한 이유는 바로 돌봄 시간과 강도 때문이다.

스웨덴과 덴마크에서 노부모를 돌보는 자녀의 주당 시간은 평균 2.6시간이다(앞에서 출퇴근 시간 등을 이용해 노인시설에 일상적으로 들른다는 이야기를 상기하기 바란다). 반면 남유럽인 이탈리아의 경우에는 28.8시간, 스페인의 경우 16시간이었다. 조부모가 손자녀를 돌보는 시간 역시 덴마크와 스웨덴의 경우 주당 7시간 내외인 것에 반해 이탈리아와 스페인의 경우 주당 27시간이었다.

즉 북유럽 국가들의 경우 가족 구성원의 돌봄의 횟수는 많지만 돌봄의 시간(강도)은 적고, 남유럽의 경우 돌봄의 횟수는 적지만 한번 돌봄을 하는 경우 오랫동안 아주 힘들게 수행한다는 것을 알 수 있다. 이 말은 남유럽에서 돌봄은 개인이 감당하기 버거운 것이기에 되도록이면 노부모를 돌보는 것이든 손자녀를 돌보는 것이든 아예 안 하려 든다는 것을 의미한다. 흔한 말로 '한번 손을 대면 절대 빠져나올 수 없기' 때문이다.

이 데이터가 우리에게 말해주는 것은 바로 돌봄의 부담이 높을수록 가족 구성원 간 만남의 횟수가 줄어든다는 사실이다. 즉 만남의 비율과 돌봄 시간이 역의 관계에 있다는 것이다. 돌봄에 대한 가족 구성원 긴의 책임이 적을수록 가족들끼리 서로 더 돌본다는 연구 결과는 우리에게 주는 의미가 크다. 바로 정책이 해야 하는 역할을 정확하게 짚어주기 때문이다.

정책은 가족들이 가족 구성원을 돌보는 데 있어 힘들지 않도록 거드는 역할을 해야 한다. 가족들이 돌봄에 대한 버거움으로 인해 서로를 멀리하지 않도록 구성원들끼리 자주 만나게 해야 한다. 이것이 바로 좋은 정책이다.

치매 요양원을 다니면서, 나는 여기에 계신 노인분들은 여전히 가족과 함께한다는 생각이 들었다. 현재 자녀와 가족들을 알아보지 못한다 하더라도, 심지어 반평생을 같이 살아온 배우자를 알아보지 못해도, 치매 환자들이 가족을 잊은 것은 아니다. 현재의 자신의 모습은 몰라보지만 젊었을 적 사진을 보며 자신을 알아보는 스웨덴 할머니처럼, 신발을 가슴에 품고 어머니한테 가야 한다고 말씀하시던 나의 할머니처럼, 평생 지내온 집을 떠나 지금은 요양원에 있지만 가족사진이 빼곡하게 걸려 있는 방에서 흘러간 옛 노래를 부르시는 스웨덴 할아버지처럼,

이들은 절대 가족을 잊지 않았다.
이들이 우리를 잊었다고 생각하는 것은 현재만을 살아가는 우리의 생각일 수 있다.

돌봄의 영역에서 가족의 역할은 절대 사라지지 않는다. 하지만 정책적 뒷받침이 없고, 돌봄의 책임과 부담감이 오롯이 가족 구성원이나 개인에게 전가되는 경우 돌봄을 대하는 가족은 사랑의 얼굴

이 아니라 방관과 외면 혹은 원망이 담긴 비극의 얼굴을 드러낼 것이다.

그렇다면 현재 우리의 가족은 어떠한 얼굴을 가지고 있을까?

2017년 기준 65세 이상 노인 중 치매 환자 수는 72만 5,000명으로 추산되며, 이는 노인 10명 중 1명 꼴인 비율이다. 우리나라의 치매 환자 증가는 상당히 빨라서 2024년 100만 명, 2041년 200만 명 그리고 2050년에는 270만 명에 이를 것으로 보건복지부는 예측하고 있다. 유례없이 빨리 진행되는 고령화와 더불어 치매 노인의 수 역시 빠르게 증가할 것이다. 하지만 이러한 통계적 사실과 반대로 현재 치매 노인에 대한 돌봄 제도는 부재한 상황이다.

하지만 스웨덴에서 가족에게 치매 노인은 부담이 아니다. 그렇기 때문에 치매 노인들은 항상 가족과 함께 할 수 있다.

가족은 결코 사라지지 않는다.

그것은 가족을 잊어버렸다고 생각되어지는 치매 환자에게도 마찬가지다.

우리의 가족은 과연 어떠한 모습으로 우리 곁에 있는가?

그리고 현재 우리가 갖고 있는 정책은 나의 가족을 어떻게 지켜주고 있는가?

7장

온전한 너의 삶을
살아라

노동

노동을 삶의 즐거움으로 만드는 비결
노동의 탈상품화

뉴스를 봤다. 대한민국을 떠나고자 이민을 준비하는 젊은이들에 대한 이야기였다.

대기업에 다니는 30대 초반 회사원, 졸업 후 취업을 포기하고 이민 준비 동호회에 들어간 20대 후반의 젊은이들. "왜 이민을 가려 하는가"에 대한 기자의 질문에 대답한 그들의 사연은 다양했다. 직장 잡기가 어려워서, 아무리 일해도 살림살이가 나아지지 않아서, 아이들 교육을 위해서, 노후 보장을 위해서…….

그중 한 30대 남성분이 이런 대답을 했다.

"왜 이민을 가려 하냐고요? 저는 제 삶을 살고 싶습니다. 이 땅에서는 제 삶을 살 수 없을 것 같아서 떠나려고 합니다."

자신의 삶을 살기 위해 이 땅을 떠나려 한다는 그 남성의 목소리가 쉽게 내 머리를 떠나지 않았다. 정말 우리는 온전한 '나의 삶'을 살기 위해 이 나라를 떠나야만 하는가?

일찍이 칼 마르크스Karl Marx가 지적한 대로, 자본주의 사회에서 노동자는 시장에서 노동력을 파는 대가로 임금을 받고, 이 임금을 가지고 인간의 기본적인 복지수요(의식주 및 교육, 의료 등)를 해결했다. 이를 '인간 노동력의 상품화commodification'라고 부를 수 있는데, 쉽게 말해서 고용되는 것, 일을 하는 것이라 보면 된다. 그리고 '탈상품화decommodification'는 상품화에 대응하는 개념으로 노동자가 시장의 임금에 의존하지 않고도 사회적 급부를 통해 인간다운 생활을 유지하는 것을 의미한다.

노동자가 자신의 임금 노동에 의존하지 않고 생활을 유지한다는 것이 가능한 일일까? 그것도 '인간다운 생활'을 유지하면서 말이다. 물론 혹자는 임금을 받아도 인간다운 생활하기가 턱없이 부족한데 임금을 받지 않고 인간다운 생활을 유지한다는 것이 말이 되느냐며 코웃음 칠 수 있다. 결론적으로 말하자면, 가능하다. 실제로 탈상품화의 가치를 실현하는 국가들이 아주 많이 있으니 말이다.

상품화와 탈상품화는 사회정책 학자들 사이에서 해당 복지국가의 성격과 정책 수준을 판단하는 중요한 척도가 되는 개념들이다. 일례로 어떤 국가의 복지 수준을 볼 때 '탈상품화가 높다'는 말은 복지를 제공하는 그 나라의 시스템이 잘 구비되어 있으며 보편적인 정책을 지향함을 의미한다. 대표적인 예가 북유럽 국가들(스웨덴, 노르웨이, 덴마크, 핀란드)과 프랑스, 독일, 영국, 네덜란드 등이 될 수 있다. 즉 탈상품화의 개념은 허구도 아니고 어느 망상가의 상상도 아니다. 실제로 존재하는 개념이다.

상품화와 탈상품화라는 두 개념을 더 잘 이해하기 위해서는 자본주의의 거대한 물결이 인간의 존엄성마저 집어삼킨 1800년대 유럽으로 잠시 시선을 옮겨볼 필요가 있다.

사실 인간 노동력의 상품화는 자본주의 체제 이전에도 있었다. 인간의 노동력은 자본주의 이전에도 교환의 대상이었고, 생계 유지의 수단이었다. 하지만 자본주의에서 나타난 인간 노동력의 상품화는 이전의 그것과는 질적으로 다른 모습을 보였다.

여기서 잠시 《공산당 선언Manifest der Kommunistischen Partei》으로 너무나 유명한, 그렇지만 온갖 색깔론과 편향된 시선으로 잘못 채색된 칼 마르크스의 말을 잠시 인용해보도록 하겠다. 1844년 그는 자신의 책 《임금노동과 자본Lohnarbeit und Kapital》에 당시 노동자의 삶을 이렇게 묘사하고 있다.

"12시간 동안 천을 짜고 실을 뽑고 구멍을 뚫고 선반을 돌리고 집을 짓고 땅을 파고 돌을 깨고 짐을 나르는 노동자. 이 노동자에게 12시간 동안의 옷감 짜기, 실뽑기, 구멍 뚫기, 선반작업, 집 짓기, 삽질, 돌 깨기 등이 자기 삶의 발현이자 실현으로 여겨지겠는가? 그와 정반대이다. 그에게 있어서 삶이란 이러한 활동이 멈출 때, 즉 식탁에서, 선술집 의자에서, 침대에서 시작된다."

1840년대 당시 노동자들의 노동시간은 대부분 12시간이 넘었으며, 이를 통해 받는 임금은 턱없이 낮았다. 이 당시 노동자들에게 삶이란 도대체 무엇이었을까?

마르크스는 자본주의에 의한 인간 노동력의 소외라는 관점에서 당시 유럽 노동자들의 삶을 들여다보며 상당한 통찰력을 보여준다. 그는 인간의 노동이 어느 순간 삶의 즐거움 또는 삶의 행복이 아니라 삶을 소외시키는 것으로 변질되었음을 비판한다. 노동자의 노동이 '자신의 삶의 행위' 속에 포함되지 않고 오히려 '자신의 삶을 희생'하게 만들어버린 현실, 이것이 바로 1840년대 유럽의 모습이었다.

당시 마르크스는 '탈상품화'라고 명명된 개념을 사용하지는 않았지만 상품화에 반대로 대응하는 것이 삶과 연결될 수 있음을 인식하기 시작한다.

"삶이란 이러한 활동이 멈출 때, 즉 식탁에서, 선술집 의자에서, 침대에서 시작된다"는 대목을 살펴보자. 마르크스는 상품화를 멈추는 지점(탈상품화)이 온전한 노동자의 삶이라 바라보고 있다. 어느 순간 인간은 노동에서 벗어날 때만 삶을 영위하게 되었으며, 고된 노동의 굴레를 벗어나기 위해 더 힘든 노동을 할 수밖에 없는 모순된 상황에 놓이게 되었다. 마르크스는 이러한 자본주의를 강력하게 비판하며, 자본주의 체제를 극복할 사회주의 사상을 철학적·경제적인 이념으로 만들어 유럽 사회에 널리 전파했다.

물론 마르크스가 믿었던 것처럼 자본주의가 사회주의에 의해 잠식당하는 일은 없었다. 오히려 자본주의는 그 어느 때보다 더욱 강력하게 발전했다.

하지만 인류는 자본주의의 부정적인 면을 극복할 방법을 찾기 시작했으며, 그 대안은 마르크스가 말한 자본주의 해체를 통한 사회주의가 아닌 '복지국가'였다(물론 마르크스의 사회주의 사상이 복지국가의 건설에 중요한 영향을 미친 것은 사실이다). 그리고 복지국가는 자본주의가 갖고 있는 위험에 대해 그들만의 방식, 즉 '탈상품화'로 대응하기 시작했다.

그렇다면 대표적인 탈상품화 정책에는 어떤 것들이 있을까?

연금, 의료보험, 산재보험, 고용보험, 여러 가지 휴직제도, 기타 수당제도 등이 바로 탈상품화 성격을 갖고 있는 정책들이라 할 수 있다.

우리는 살면서 정말 많은 위험에 직면할 수 있다. 어느 순간 우리는 (의도하든 의도하지 않았든 간에) 자본주의라는 시장에서 밀려날 수 있다. 만약 내가 질병에 걸렸다면(의료보험), 일하다 다쳤다면(산재), 임신을 하거나 아이를 키워야 하는 상황이라면(출산 또는 육아휴가), 직업을 잃었다면(실업수당 또는 실업보험), 나이가 들어 노동력 상품의 가치가 떨어진다면(연금)……. 과연 나의 삶은 어떻게 될 것인가?

자신의 노동력을 상품화하는 것만이 유일한 생계수단이 되어 버린다면, 인간의 삶은 말 그대로 자본주의라는 거대한 공장의 부속

품에 지나지 않을 것이다.

복지국가가 그렇다고 자본주의를 부정하는 것도 아니며, 상품화를 거부하는 것도 아니다. 다시 마르크스의 말을 살펴보자.

"노동은 자유로운 표현이고 따라서 삶의 즐거움이 될 수 있다. 나의 노동이 나의 삶이 될 수 있을 때, 노동을 통해 나의 개성이 나타날 수 있으며, 노동은 참되고 활동적인 자산이 될 수 있다."
_칼 마르크스,《제임스 밀에 대한 노트Notes on James Mill》

참된 노동은 삶의 즐거움이 될 수 있다.

그리고 그 노동을 통해 삶의 의미를 발견할 수도 있다. 노동은 우리 삶에 중요하다.

대부분의 복지국가들은 다 자본주의를 근간으로 세워졌다. 그리고 노동력의 상품화는 복지국가의 지속가능성을 예측할 수 있는 중요한 척도이기도 하다. 대부분의 정부들이 실업률을 낮추고 고용률을 높이는 데 온갖 노력을 기울이는 것은 바로 '상품화'를 높이기 위한 정책의 일환이다. 실업자들에 대한 직업훈련 교육, 고용활성화 정책, 직업 환경 개선 등이 상품화 정책의 예라 할 수 있다. 즉 현대 복시국가는 '진정한 상품화'에도 많은 노력을 기울이고 있다.

노동이 삶의 즐거움이 될 수 있게 하는 '진정한 상품화' 말이다.

하지만 세계에서 가장 열심히 그리고 오래 일하고 있는 우리 노동의 현실은 우리에게 삶에 대한 심각한 질문을 던지고 있다.

우리의 삶은 소중하다. 그리고 우리는 본연의 삶을 누리고 살아갈 권리가 있다. 우리는 일하는 기계가 아니며, 우리는 삶을 살고자 태어난 존재들이다. 그리고 그 존엄성은 자본주의 가치에 의해 매겨져서는 절대 안 된다. 노동시장 안에서든 혹은 그 반대의 상황에서든 우리는 절대로 인간적인 존엄성을 잃어버려서는 안 된다. 인간이 자신의 삶을 온전히 영위할 수 있도록 기회를 제공하는 것, 그것이 바로 '진정한 탈상품화'다.

젊은이들이 이 땅을 떠나고 싶다 한다. 자신의 삶을 살고자 이민을 가려 한다. 그들은 돈을 많이 벌어서 부자가 되려고, 혹은 출세를 하려고 떠나는 것이 아니다. 개인의 욕심을 채우고자 떠나는 것이 아니라 단지 아이와 시간을 보내기 위해, 평등한 삶을 살기 위해, 지극히 소박한 삶을 영위하기 위해 이 땅을 떠나려 한다는 것이 슬프다.

지금 우리는 어디를 향해 나아가고 있는가?

우리는 삶의 질을 높이기 위해, 숨 막히는 자본주의 질서에 의해 희생되고 있는 우리의 삶을 되찾기 위해 움직일 때다.

문제는 정책이다.

피터는 왜 미트볼을 싫어할까
긴 노동시간의 단축이 필요한 이유

음식 이야기에서는 절대 빠지지 않는 이탈리아 출신 카롤리나와 일명 'KFC(Korean Fried Chicken)'를 비롯해 나날이 높아지는 한국 음식의 위용을 자랑하는 대한민국의 내가 만났다.

그날도 우리는 자국의 음식 이야기를 하고 있었다. 마치 우리 집에 뭐 있다고 자랑하는 어린아이들 마냥 음식 자랑이 연거푸 이어졌다. 심지어 각자 휴대폰을 꺼내 음식 사진까지 들이밀며 자존심 대결을 벌였다. 우리의 불꽃 튀기는 음식 자랑 대회 속에서도 묵묵히 앉아 있는 한 사람이 있었으니, 바로 피터였다.

피터는 현재 구직 중이다. 오래 다녔던 회사 에릭슨의 구조조정으로 정리해고가 되고, 실업수당을 받으며 현재 교육을 받고 있다. 실직 중이긴 하지만 실업수당을 받고 있어서 그런지 주변의 우려와는 달리 피터는 이 시간을 상당히 여유롭게 지내고 있었다. 타고난

성품이 여유로운 사람 같기도 했다.

스웨덴 나무처럼 키가 큰 피터 아저씨는 상당히 수줍음이 많다. 웃을 때도 꼭 손으로 입을 가리고 웃곤 한다. 피터 아저씨는 현재 아내와 단둘이 살고 있다. 슬하에 있는 세 명의 자녀들이 다 독립을 했고, 그나마 독립한 지 얼마 되지 않은 대학생 막내딸과 자주 연락을 주고 받는 스웨덴 아저씨다.

3년을 묵히고 나서 먹는다는 묵은 김치 이야기를 하자 카롤리나는 은근 당황하고 있었다. 음식을 땅에 3년이나 보관하다가 먹는다고? 더군다나 김치는 배추로 만드는 것이 아닌가. 그런 야채가 상하지도 않는다고? 휴대폰으로 열심히 인터넷 검색 중인 카롤리나를 보고 있으니 좀 시간이 걸릴 모양이다. 나는 문득 피터 아저씨에게 미안하다는 생각이 들었다. 너무 우리만 떠든 것 같아서 말이다.

미안한 마음에 나는 피터에게 스웨덴 전통 음식은 뭐가 있는지 물어봤다.

"글쎄……. 뭐가 있지?"

나의 갑작스러운 질문에 피터 아저씨는 고민을 하고 있었다. 사실 스웨덴은 음식이 다양한 나라가 아니다. 피터의 대답을 못 기다리고 카롤리나가 끼어들었다. 눈은 휴대폰에 고정한 채로 말만 거들었다.

"미트볼 있잖아."

나는 속으로 '미트볼이 어떻게 전통 음식이야' 생각하고 있었다.

그런데 피터는 "그래, 미트볼이 있네" 하며 웃으며 말했다.

"아하, 미트볼~ 우리 딸아이도 미트볼 좋아하는데. 아이들이 미트볼 좋아하잖아."

전통 음식으로 내세울 것이 고작 미트볼이라니. 나는 피터가 안쓰러워 미트볼은 우리 딸아이도 좋아한다고 맞장구를 쳐줬다.

그리고 물었다. "너도 어렸을 때 미트볼 좋아했지?"

나의 질문에 피터는 예상 외의 대답을 했다.

"아니, 나는 미트볼 싫어해. 나뿐 아니라 우리 형도 미트볼 정말 싫어해!"

스웨덴 전통 음식까지는 아니더라도 대중 음식이고 특히 아이들이 좋아하는 음식인 미트볼을 피터는 정색까지 하며 싫다고 나섰다. 왜 피터는 미트볼을 저렇게 싫다고 하는 것일까?

피터의 부모님은 맞벌이셨다.

항상 회사에서 늦게 오는 부모님을 기다리며, 피터 형제는 어머니가 냉동실에 만들어놓은 미트볼을 꺼내 데워 먹었다고 한다. 어렸을 때 지긋지긋하게 미트볼을 먹어서 피터와 그의 형은 다 커서는 절대 미트볼을 먹지 않는다고 했다.

미트볼을 싫어하는 피터 아저씨의 사연을 들으니, 학교 끝나고 집에 와서 두 형제가 냉동실에서 미트볼을 꺼내 먹으며 부모를 기다리는 모습이 머릿속에 그려지는 듯했다. 저렇게 큰 키를 가진 피터 아저씨가 왠지 안쓰럽게 느껴졌다.

1960년대 이후 스웨덴 여성의 경제활동 참여율이 급속하게 증가하는데, 1970년대 이후에는 여성 경제활동 참여율이 70퍼센트에 육박하게 된다. 하지만 1960년대 스웨덴에서 공공보육시설에 다니는 아동의 비율은 전체 아동의 5퍼센트에서 7퍼센트에 불과할 정도로 낮았다. 여성의 경제활동 참여율이 67.8퍼센트에 이르던 1975년 당시 0~2세 아동의 보육시설 등록 비율은 13퍼센트, 3~6세 아동의 등록 비율은 19퍼센트에 불과했다.

1970년대 이후 맞벌이 부부는 스웨덴 사회에서 일상의 모습으로 자리 잡았다. 그런데 이러한 사회와 가족의 변화 속에서 문제가 발생한다. 바로 아이를 돌봐줄 보육시설이 턱없이 부족하다는 것이었다. 이에 스웨덴은 공공보육시설을 급속히 확장시킨다. 1975년 스웨덴 정부는 공적 아동 보육시설 5개년 계획을 발표한다. 이후 1980년대와 1990년대 보육시설 등록률이 전체 아동의 80퍼센트에 육박할 정도로 보육시설은 급속히 확충된다. 하지만 보육시설의 확충만으로 모든 돌봄의 문제가 해결되는 것은 아니다. 더 중요하고 근본적인 문제가 남아 있다.

요새 한국에서 스웨덴으로 보육기관을 방문하러 오시는 분들이 많다. 주로 보육서비스 관계자들이 오셔서 기관 탐방을 하고 가신다. 그리고 그분들이 오시면 빠지지 않고 하는 질문들이 있다. 스웨덴은 야간 보육을 어떻게 하냐는 것이다.

한국은 OECD 국가 안에서도 단연코 근무시간이 긴 국가이다. 당연히 부모들의 노동시간 역시 길 수밖에 없다. 현재 한국 보육시설 중 종일제 반은 아침 7시 30분부터 19시 30분까지 운영된다. 하지만 부모들의 장시간 노동시간과 퇴근 시간 등을 고려해 보육시간의 연장을 요구하는 경우가 많고, 현재 종일제 반에서 시간 연장 보육이 이루어지는 경우 19시 30분부터 24시까지, 야간 보육의 경우 19시 30분부터 익일 아침 7시 30분까지 운영된다. 그리고 24시간 보육시설도 있다. 상황이 이렇다 보니, 한국에서 오시는 분들은 스웨덴 보육시설 중에도 한국처럼 시간 연장 보육이나 야간 보육이 있는지 궁금해한다.

하지만 스웨덴에는 이러한 보육시설이 없다.

현재 스웨덴 보육시설의 운영시간은 아침 6시 30분부터 18시 30분까지다.

물론 이곳 스웨덴에도 야간 근무를 하시는 분들이 간혹 있다. 그리고 야간 교대 근무를 하는 부모들의 요청이 있다면 시간연장 서비스를 제공해야 한다. 하지만 야간 보육을 하는 시설은 스톡홀름을 기준으로 운영되지 않는다. 예전에는 두 곳 정도가 있었다고 하지만 이 역시 없어졌다. 이용률이 전혀 없기 때문이다.

그렇다면 야간 교대 근무를 하는 부모들의 경우 어떻게 아이들을 돌볼까?

우선 부모가 모두 동시에 야간 근무를 하는 경우는 드물 것이다. 그렇다고 이 경우가 완전히 배제되는 것은 아니다. 만약 야간 근무를 하는 부모들이 야간 보육을 원하는 경우 그들에게는 보육 도우미를 해당 가정에 파견하는 서비스가 제공된다. 보육 도우미는 부모가 선택할 수 있는데, 이 경우 보통 조부모나 친인척을 아동 돌보미로 지정해 코뮌에 신청한다. 그러면 코뮌에서 조부모나 친인척(부모가 선택한 보육 도우미)에게 급여를 제공하는 시스템이다. 하지만 이 역시 수요가 거의 없다.

스웨덴(스톡홀름)에는 야간 보육이 없다는 말씀을 드리면, "역시 스웨덴이구나" 이런 말씀들을 하신다. 하지만 스웨덴에서 보육시간 연장에 대한 요구가 없었던 것은 아니다. 여성의 경제활동 참여율이 급속히 증가하던 1970년 스웨덴에서도 보육시설의 시간 연장에 대한 논의가 있었다. 그러나 스웨덴 사회에서는 과연 보육시설 운영시간을 늘리는 것만이 근본적인 대안인지에 대한 질문이 있었다. 이는 아이들이 보육시설에 있어야 하는 시간이 길어지는 것을 의미하기 때문이다. 과연 이것만이 해결책인가? 보육시설 운영시간 연장에 대한 논의는 아이를 키우는 부모들의 노동시간에 대한 논의도 동시에 일으키게 된다.

부모의 노동시간과 보육시설에 있는 아동의 보육시간은 직접적으로 연결되는 것이다. 부모의 노동시간이 길어지면 보육시설에 아이들이 머물러야 하는 시간이 필연적으로 길어지기 때문이다. 장시간 보육시설에 맡기는 것이 아이의 발달과 복지에 좋은 것인지에 대한 논의가 일어났고, 이 과정에서 과연 무엇이 우리 삶에 바람직한 것인지에 대한 근본적인 고민이 시작됐다. 그리고 1975년 스웨덴 정부는 부모의 노동시간에 대한 보고서를 제출하게 된다.•

이 보고서는 당시 부모들이 긴 노동시간으로 인해 아이를 돌볼 시간과 에너지가 턱없이 부족하다는 사실과 아동 역시 부모의 장시간 노동으로 인해 긴 시간을 보육시설에 있어야 하는 어려운 상황을 알렸다. 당시 50퍼센트의 아동이 최소 9시간 이상 보육시설에 있어야 했는데 이렇게 보육시설에 장시간 있는 것은 아이들의 발달에 결코 좋지 않다는 것을 밝혀냈다. 보고서는 이러한 문제의 해결책으로 노동시간의 단축 특히 부모의 '탄력적 근무시간 사용'을 주장했다. 물론 당시 이 연구 결과는 정책으로 받아들여지지 않았다.

하지만 1975년의 이 보고서는 장시간 노동으로 지쳐 있는 부모와 아동의 현실을 정확하게 진단했다. '노동시간 단축은 경제적 손실로 이어진다'는 자본주의 시장의 패러다임을 넘어 노동시간 이후에 펼쳐지는 부모와 아동의 삶의 질에 초점을 맞춘 보고서였다. 비록 당시에는 쉽게 받아들여지지 않았지만, 이후 긴 노동시간에 대한 사회직 관심과 논의를 불러일으키기에 충분한 문건이었다.

• SOU 1975, Förkolan arbetslid för smabarusföräldurar. Stockholm: Fritze

■ 여유로운 한때를 보내고 있는 스웨덴 사람들과 가족의 모습.

그리고 스웨덴은 부모의 노동시간과 보육 노동자의 노동시간을 단축하고 유연하게 사용할 수 있는 방향으로 나아간다. 1970년대 주 40시간 노동시간에 대한 규정이 만들어지고 이에 맞는 노동시간의 단축이 단계적으로 이루어진다. 더 나아가 아이를 키우는 부모의 경우 주 40시간 안에서 탄력적으로 근무시간을 활용할 수 있는 권리가 만들어진다. 부모휴가 역시 이러한 맥락에서 나온 제도다.

물론 이렇게 노동시간을 단축하기까지 스웨덴 안에서도 사회적 갈등이 전혀 없었던 것은 아니다. 하지만 끊임없는 논의와 타협, 설득의 노력 끝에 현재 스웨덴 노동자들이 일궈낸 주당 평균 노동시간은 37.5시간이다. 그리고 아이를 키우는 부모의 경우 본인의 노동시간을 유연하게 사용하는 것이 보편화되어 있다. 단지 하나의 보고서에서 제안된 것에 불과한 '탄력적 노동시간 단축'이 현재는 스웨덴 사회 전역에서 실현되고 있는 것이다.

일하는 부모들은 안다. 어린이집 끝날 시간은 다가오는데, 회사 일이 늦게 끝나거나 혹은 야근을 해야 할 때, 급히 남편(혹은 아내)에게 전화를 했는데 그 역시 일이 많아 아이를 데리러 갈 수 없을 때의 그 막막함. 기댈 곳이라고는 어린이집 선생님뿐이라 전화로 사정을 말하면서 연신 허리를 숙이며 죄송하다고 말할 때 그 속상함과 민망함. 그리고 어둑어둑한 어린이집 안에서 선생님과 단둘이 놀고 있던 아이가 나를 보자마자 뛰어와 안길 때 북받쳐 올라오는 미안함.

친구들이 한두 명씩 집으로 돌아갈 때 왜 우리 엄마, 아빠는 늦을까 궁금해하며 문 앞에서 서성거렸을 딸아이를 생각하면, 너무나 미안하고 미안했다. 내 몸도 지쳤지만, 온종일 나를 기다렸을 아이를 생각하면 지체할 틈이 없었다.

대충 챙겨 먹은 저녁상을 치우고, 아이를 씻기고, 자는 아이의 머리를 한없이 쓰다듬으며, 아이 정수리에서 나는 비누 냄새에 그제야 하루가 끝났음을 느끼곤 했다. 아마 많은 부모들이 나와 같은 경험을 갖고 있을 것이다.

노동시간이 긴 우리나라에서 아이를 키우는 부모들에게 그나마 기댈 곳은 보육시설뿐이다(물론 친인척이 있다고 하지만 그 역시 여의치 않을 때가 대부분이다). 그래서 부모는 아이들이 졸린 눈을 비벼가며 부모를 기다리고 있을 줄 알고 있지만 연장 보육과 야간 보육을 원하는 것이다.

그러나 문제의 본질은 보육 시간이 아니라, 근무시간에 있다. 부모는 긴 노동시간에 지쳐가고 우리 아이들 역시 어린이집 교실에서 부모를 기다리며 지쳐간다. 저녁이 있는 삶 혹은 '워라밸Work and Life Balance'은 근무시간 단축이 없이는 절대 불가능하다.

노동시간 단축을 위한 근로기준법 개정안이 통과되었다. 2018년 7월부터 300인 사업장을 기준으로 최대 노동시간이 68시간에서 52시간으로 단축되었다. 이 개정안은 5년간의 긴 논의 끝에 통과된 것이다. 그만큼 일각에서는 노동시간 단축에 대한 우려가 많았다.

노동시간 단축에 대한 여러 논의들이 여전히 필요한 것이 사실이다. 하지만 노동시간의 단축을 놓고 고민하는 장에 경제적인 원리만 올려놓지는 말자. 부모가 자녀들을 돌볼 수 있는 시간의 권리 그리고 아동 역시 부모와 같이 시간을 보낼 수 있는 권리에 대해서도 이야기해야 한다.

노동에 우리의 삶이 잠식되는 순간, 인간은 노동의 주체가 아니라 도구로 전락한다. 그리고 그 순간 나뿐만 아니라 우리 아이들 역시 장시간 노동으로 굴러가는 사회시스템에 묶여 자랄 수밖에 없다.

지금은 시간 연장 보육 혹은 야간 보육이라는 서비스 자체가 필요 없어진 스웨덴이지만, 피터 아저씨가 유년시절을 보냈던 1970년 스웨덴에서 맞벌이 부부는 장시간 노동에 모든 에너지를 쏟아야 했고, 아이들은 텅 빈 집 또는 보육시설에서 부모님을 기다려야 했다. 하지만 피터 형제의 아이들은 달랐다. 그들은 1970년대 후반 도입된 노동시간 단축법과 근무시간 유연제 및 부모휴가를 통해 아이들과 행복한 시간을 보낼 수 있었다. 부모 세대가 도입하고 형제 세대가 정착시킨 제도를 통해 미래 세대인 아이들이 혜택을 보게 된 것이다.

부모도, 아이도, 보육 노동자도 모두 혜택을 볼 수 있었던 스웨덴의 선택은 옳았다. 긴 노동시간으로 유명한 대한민국을 살아가는 우리 역시 선택을 해야 한다. 쉽지 않은 선택이겠지만, 그것이 옳다면, 우리는 꼭 이루어야 한다.

현재 부모로 살아가는 우리 세대는 그 혜택을 누리지 못할 수도 있다. 하지만 우리가 그 기초를 만들어 놓는다면, 아이들의 미래는 우리와 확연히 달라질 것이다. 우리 아이들도 여기 스웨덴 부모들처럼 자녀들과 더 많은 시간을 보내며 일상의 행복을 마음껏 누릴 수 있을 것이다.

일상이 주는 소소함이 얼마나 소중한지 우리는 안다. 그리고 그 소소함이 우리 삶을 건강하게 유지시켜 준다는 것 역시 우리는 안다. 그러니 우리 아이들에게만큼은 그 일상의 행복을 찾아주자.

우리는 못 누렸지만 우리 아이들에게는 물려주자.
좋은 정책을 만들어 꼭 물려주자.

돌봄 노동자들은 누가 돌봐 주나요
누구도 소외되지 않는 노동을 위하여

"아무리 스웨덴이라고 하지만 여기도 돌봄 노동자 임금 수준이 낮네요."

공공 복지, 사회서비스 국가 그리고 돌봄 국가로 널리 알려진 스웨덴으로 돌봄 노동자의 근무 환경을 보러 오시는 분들이 늘어나고 있다. 돌봄 노동자(보육교사, 보조교사, 요양보호사, 간병인 등 사회돌봄서비스 종사자) 근무 환경에 대해 탐방을 하시는 분들이 꼭 하시는 질문이 있다. 바로 이들의 임금 수준이다.

한국의 돌봄서비스 분야에서 돌봄 노동자의 낮은 임금은 시급하게 해결해야 하는 문제 중 하나이다. 특히 돌봄서비스(아동 보육, 노인 돌봄, 장애인 돌봄 등)의 질은 돌봄 노동자의 근무의 질(근무 환경, 노동시간, 임금 등)과 직접적으로 연결되는 것이기에 더욱 관심이 높아지고 있다.

그런데 스웨덴 돌봄 노동자의 임금 수준을 이야기하면, 많은 분들이 적지 않게 실망을 한다. 임금이 생각보다 높지 않기 때문이다. 돌봄 노동자의 임금 수준은 유사 직종의 서비스 분야에서도 낮은 축에 속한다. 그리고 이것은 비단 스웨덴과 한국의 사정만은 아니다.

많은 국가들에서 돌봄 노동자의 임금은 다른 노동자에 비해 낮다. 돌봄 노동은 그동안 가족(주로 여성)에 의해 비가시적이고 비시장적인 교환 형태로 이루어졌다. 하지만 산업 구조의 변화와 함께 여성의 노동시장 진입이 급속하게 증가하자 가족 안에서 이루어지던 돌봄 노동에 공백이 생겼다. 그리고 이러한 공백을 채우기 위해 산업화 국가들은 다양한 방식으로 대응하기 시작했다.

북유럽의 경우 국가가 돌봄서비스의 주된 공급자로서 기능한다. 영미 모델의 경우 시장에서 가격도 질도 다양한 돌봄서비스를 제공한다(이 말은 소득 정도에 따라 선택할 수 있는 서비스가 달라질 수 있음을 의미한다). 그리고 남유럽과 동아시아 모델의 경우 여전히 가족이 돌봄의 책임자로 규정되며, 여성이 시간제 일을 하든지 혹은 조부모나 친인척(주로 여성이 되겠지만)의 도움으로 돌봄이 이루어진다.

이처럼 다양한 방식으로 돌봄 노동이 수행됨에도 불구하고 이 국가들 안에서 볼 수 있는 공통점이 있는데, 바로 돌봄 노동자들의 급여 수준이 다른 노동자들에 비해 상대적으로 낮다는 것이다.

왜 돌봄 노동의 급여는 낮은 것일까? 비슷한 서비스 직군 안에서도 돌봄 노동자들이 낮은 임금과 처우를 받는 이유는 무엇일까? 돌봄 노동이 다른 서비스 직업에 비해 쉬워서일까? 그러나 단 하루라도 혹은 몇 시간만이라도 재가 요양보호사 또는 시설 요양보호사를 옆에서 지켜본다면 이들의 일이 결코 만만치 않고, 절대 쉽지 않음을 알 수 있을 것이다.

돌봄 노동이 왜 저평가되고 있는가에 대한 논의와 설명은 다양하게 이루어지고 있는데, 우선 가장 주류적인 시각은 돌봄 노동이 오랜 기간 동안 주로 가족의 영역(아이를 돌보는 것, 노인과 아픈 가족 구성원을 돌보는 것, 집안일 등)에서 수행되었음을 강조한다. 즉 가족을 재생산하는 노동의 중요성은 (머리와 가슴으로는) 인정되지만 오래전부터 시장의 가치로 매겨지지 않았고 비가시적인 특징 때문에 저평가되어 결과적으로 낮은 거래 가격이 형성된다는 것이다. 그리고 돌봄 노동자의 대부분이 여성이라는 점도 시장에서 저평가되는 원인 중 하나로 꼽힌다.

아무튼 평가절하된 돌봄 노동에 대한 문제는 앞으로 우리 모두가 풀어나가야 할 현재진행형의 과제다. 스웨덴 역시 돌봄 노동자에 대한 처우 개선은 여전히 진행 중인 사안이다. 만약 돌봄 노동의 가치와 적절한 처우에 대한 최종 답안지를 찾으러 스웨덴으로 왔다면, 실망할 수 있다. 나 역시 그랬으니까.

하지만 아직 실망을 하기에는 이르다. 다음의 표를 살펴보길 바란다.

2014년 스웨덴 10개 직업그룹의 평균임금

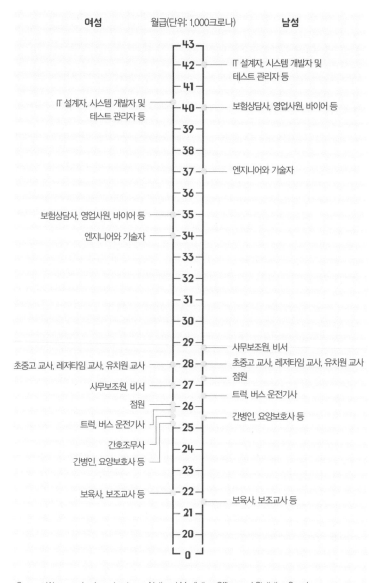

여성   월급(단위: 1,000크로나)   남성

- 43
- 42 — IT 설계자, 시스템 개발자 및 테스트 관리자 등
- 41
- IT 설계자, 시스템 개발자 및 테스트 관리자 등 — 40 — 보험상담사, 영업사원, 바이어 등
- 39
- 38
- 37 — 엔지니어와 기술자
- 36
- 보험상담사, 영업사원, 바이어 등 — 35
- 엔지니어와 기술자 — 34
- 33
- 32
- 31
- 30
- 29
- 초중고 교사, 레저타임 교사, 유치원 교사 — 28 — 사무보조원, 비서 / 초중고 교사, 레저타임 교사, 유치원 교사 / 점원
- 사무보조원, 비서 — 27 — 트럭, 버스 운전기사
- 점원 — 26 — 간병인, 요양보호사 등
- 트럭, 버스 운전기사 — 25
- 간호조무사 — 24
- 간병인, 요양보호사 등 — 23
- 보육사, 보조교사 등 — 22 — 보육사, 보조교사 등
- 21
- 20
- 0

Source: Wage and salary structures, National Mediation Office and Statistics Sweden

2014년 스웨덴 임금 근로자(10개의 큰 직업군)의 월 평균 임금 분포도다. 대략적으로나마 스웨덴 노동자들의 임금 분포 현황을 알 수 있다. 물론 이 표는 유사 직업군에서 남녀의 임금 격차가 얼마나 적게 나타나고 있는지도 보여준다. 하지만 우리는 이 표에서 다른 지점을 살펴볼 것이다.

우리가 관심을 갖는 돌봄 노동자의 임금 수준을 찾아보자. 돌봄 노동자라 할 수 있는 직군은 간병인, 요양보호사 그리고 보조교사 등이 될 것이다. 이 직업군들의 임금은 (예상했던 대로) 임금 분포도의 가장 아랫부분에서 확인할 수 있다.

하지만 여기서 우리가 주목해봐야 할 것이 있다. 바로 상위 임금과 하위 임금의 격차다. IT 업계 종사자들이 상위 임금근로자에 속하는데, 이들의 월 평균 임금은 약 4만 크로나에서 4만 3,000크로나에 속한다. 반면 가장 낮은 임금 소득을 보이는 돌봄 노동자들의 월 평균 임금은 약 2만 1,000크로나에서 2만 5,000크로나 사이에 있다(2014년 당시 스웨덴 1크로나는 한화로 153원 정도다).

상위 임금 소득자와 하위 임금 소득자의 격차가 2배 정도밖에 나지 않는다(한국의 경우 직업별 연봉의 격차가 2015년 기준으로 무려 15배에서 16배에 달한다는 기사가 있었다). 돌봄 노동이 저임금 직업에 속한다는 것은 스웨덴 역시 마찬가지다. 그런데 이들의 임금은 고소득 근로자의 임금과 차이가 그리 크게 나지 않는다.

아마 이 표를 보면 여러 가지 생각이 들 것이다. '뭐지? 스웨덴은 노동자 급여가 낮은 나라인가? 세금도 많이 낸다는데, 급여도 적나 보네?' 이렇게 생각할 수도 있고, '역시 스웨덴은 사회적 불평등 지수가 낮구나'라고 생각할 수도 있다. 실제로 스웨덴은 직종별 그리고 동일 직종 내 남녀 임금 격차가 작은 국가이기도 하다.

그렇다면 스웨덴에서는 어떻게 임금 격차를 줄일 수 있었을까?

가장 큰 이유를 우리는 스웨덴 노조가 보여준 정책과 역할에서 찾아볼 수 있다.

스웨덴은 세계적으로 높은 노조 조직률(78퍼센트)을 자랑하는 국가다. 스웨덴 노조의 가장 대표적인 단체는 바로 스웨덴노동자총연맹The Swedish Trade Union Confederation, LO이고, LO 산하에는 스웨덴 지방자치단체 소속 노동조합Kommunal이 있다. 이 노조에는 돌봄 노동자들이 대거 합류해 있다.

스웨덴 노조단체 LO는 스웨덴 역사에서 계급 간 타협을 이끌어 낸 중요한 행위자였다. LO는 1970년대 이전부터 동일노동 동일임금에 관심을 가져왔고, 연대임금정책을 추진하고 있었다. 하지만 1980년대까지만 하더라도 LO의 연대임금정책은 주로 LO 내 금속 노조가 주도하는 것이었다. 그러다가 1980년대 후반 스웨덴 공공부문의 개혁이 대대적으로 이루어지고 분권화와 민영화가 추진되면서 이 분야의 종사자들(주로 여성들)이 받는 임금과 처우의 문제가 강하게 제기되기 시작했다. 이 분야는 주로 여성들이 종사하고 있는 돌봄서비스 직군의 저임금 일자리였다.

그런데 자칫 여성의 이슈로만 보일 수 있는 돌봄서비스 직군의 저임금 문제는 새로운 국면을 맞이하게 된다. LO가 돌봄 노동자의 임금 격차 문제는 여성의 이슈가 아니라 전체 노동의 공정성 문제임을 공표한 것이다. 당시 LO는 돌봄 노동의 저임금 문제를 다음과 같이 정의한다.

"한 사람이나 특정 집단이 싼 값에 노동력을 팔게 되면 이는 곧 모든 노동자들의 문제로 들이닥치게 된다. 모두가 모든 차별에 맞서지 않는다면 결국 모두가 패자가 될 것이다."●

즉 LO는 돌봄 노동자들이 처한 저임금의 문제를 돌봄 또는 여성 노동자의 문제를 넘어 '모든 노동자의 문제'로 확장시킨다. 이것은 노동에 대한 인식의 전환이었다. 단 한 명의 노동자라도 자신의 노동력을 싼 값에 팔게 되는 순간 모든 노동자의 노동이 가치 하락을 피하지 못할 것이라 보고, 모든 노동자가 돌봄 노동자의 저임금 문제에 함께 대응할 것을 주문한 것이다.

물론 이렇게 인식의 전환을 하기까지 LO는 산하에 있는 다른 노조들의 양보와 협력을 얻어야 했고, 기나긴 설득의 과정을 거쳐야

● 우명숙(2010), 〈스웨덴 공공부문 여성지배 직종의 임금불평등과 노동조합의 대응〉, 한국사회학 제44집 2호, pp.29~58.

했다. 연대임금정책은 고소득 노동자들의 양보와 지지 없이는 절대 불가능한 것이었다.

노동자 안에서 계층이 있을 수 없다는 이들의 신념을 바탕으로, 연대임금정책은 단순히 남녀 차별을 없애는 것을 넘어 모든 노동에 대한 존엄을 선포하는 것으로 나아갔다.

2007년 LO의 한 조사에 의하면, LO 조합원들의 70퍼센트 이상이 연대임금정책을 강하게 지지하고 있으며, 이들은 자신이 속한 부문에서 최대의 임금을 받는 것보다 저임금 직군의 임금을 올리는 것을 더 지지하는 것으로 나타났다. 본인의 월급이 오르는 것보다 저임금 노동자의 임금을 올려줘야 한다고 생각하는 것이다.

그렇다. 스웨덴이 저임금 노동자의 처우를 개선하기 위해 선택한 방법은 바로 내 몫을 조금씩 내려놓는 것이었다. 연대임금정책과 함께 추진된 '좋은 일자리를 위한 연대적 노동 정책Solidaristic Work Policy for Good Job'이 바로 그것이다.

1990년대부터 LO는 개별화되는 임금 체계와 저임금 노동자들에 대한 임금 공정성을 최대한 확보하기 위한 전략으로 '연대임금정책'에서 더 나아간 '연대노동정책'을 제시한다. 노동자들의 좋은 일자리를 위해 LO는 특히 저임금 직업군의 임금 불평등 문제를 주요 의제로 삼았다. 그러면서 저임금 직군 노동자의 숙련성 향상을 위한 교육과 재교육을 요구하고, 동시에 이들의 임금 교섭에 적극적으로 개입하게 된다. LO의 이러한 정책은 현재도 진행형이다.

요양시설 관리자 애니(왼쪽)와 요양보
호사 캐런(오른쪽)과의 인터뷰 사진.

노인요양시설에서 근무한지 10여 년이 넘어가고 있다는 요양보호사 캐런은 내가 만난 다른 요양보호사 분들과 마찬가지로 밝고 따뜻한 웃음을 지닌 사람이었다.

인터뷰를 마치면서, 나는 캐런에게 마지막 질문을 했다.

"타인을 돌보는 돌봄 노동자인 당신을 돌보는 사람은 누구입니까?"

"저를 돌보는 사람이요?"

다소 엉뚱한 질문에 캐런은 활짝 미소를 지으며 말했다.

"그건 바로 제 동료들입니다."

노동자 안에 계층이란 있을 수 없다.

우린 모두 노동자이기 때문이다.

노동자가 개별화되는 순간, 그것은 노동의 몰락을 의미한다.

개별 노동자의 힘은 약할 수 있지만, '우리'가 되는 순간 협상력은 높아지고, 나의 노동력은 존중받을 수 있다.

저임금 노동자인 돌봄 노동자를 지켜주는 것은 바로 노조이고 이들은 바로 돌봄 노동자들의 동료이다.

2015년 기준 한국 요양보호사의 평균 임금은 115만 원(월 근무시간 188시간)이며, 재가 요양보호사의 경우 평균 65만 원(월 근무시간 88시간)이다. 2018년 재가 요양사의 개선된 최저시급은 시간당

7,530원이다.

매년 돌봄 노동자들의 최저임금 문제와 불안정한 고용 계약, 열악한 근무 환경에 대한 이야기가 나오고 있지만 해결 방법은 지지부진하다. 이런 상황에서 문재인 정부와 보건복지 당국은 커뮤니티 케어를 향후 서비스 정책의 구심점으로 두고 구상을 하고 있다. 탈시설화가 가속화될 것이고, 재가 요양을 중심으로 돌봄서비스가 재편될 것이다. 이 말은 향후 돌봄 노동자의 역할이 더욱 중요해질 것임을 의미한다. 하지만 정작 돌봄 노동자의 처우 문제는 어떻게 개선시킬 것인지에 대한 정책적 대안이 여전히 부족하다.

우리는 과연 어떻게 돌봄 노동자의 임금과 처우를 개선시킬 수 있을 것인가?

물론 스웨덴이 하고 있는 방식을 그대로 우리에게 적용시킬 수는 없다. 전체 노조 가입률이 20퍼센트도 안되는 한국의 상황에서 스웨덴과 같이 노조의 적극적인 개입을 요구하는 것은 무리일 수 있다.

그렇다면 대안은 역시 정부인가? 정부의 적극적인 개입으로 이 문제가 해결될 것인가?

하지만 저임금 노동자의 문제를 정부에 의존해서 해결하기에는 분명한 한계가 있다. 매년 각종 보고서에서 돌봄 노동자의 처우 개선 문제가 한국 돌봄서비스 시장의 가장 시급한 문제로 꼽히고 있지만 여전히 답보 상태인 것만 봐도 그렇다.

돌봄 노동자의 문제는 저임금 노동자들의 문제고 비정규 노동자들의 문제며 여성 노동자들의 문제다. 그리고 자본주의 시장에 싼 값에 노동을 팔 수밖에 없는 노동자의 문제이기도 하다. 결국 이것은 모든 노동자의 문제로 귀결된다.

정부의 정책적인 지원과 노동시장에 대한 중재도 절대적으로 필요하지만, 더 근본적으로는 돌봄 노동자의 권익을 대변할 수 있는 단체가 만들어져야 한다. 저임금 비정규직 노동자 단체나 다른 직군의 노동자 단체와의 연대도 필요하다. 노조 별로 개별적인 의제가 있을 수 있겠지만, 임금의 공정성이나 좋은 일자리 정책과 같이 모든 노동자들이 연대할 수 있는 의제를 만들어내야 한다.

노동자 안에 계층과 계급은 있을 수 없다.

다른 노동자의 어려움을 외면하고, 본인의 몫만 챙기는 노동자 단체는 협상력과 교섭력을 가질 수 없다. 우리는 다 같은 노동자다.

돌봄 노동자들이 겪고 있는 문제는 그들만의 문제가 아니다.

이들의 문제를 모든 노동자의 문제로 바라보는 순간, 우리는 보다 나은 세상으로 한 발짝 걸어나갈 수 있을 것이다.

8장

좋은 정책은
누가 만드는가

당신의 당은 당신을 위해 무엇을 하는가

스웨덴 의회 탐방기

길기만 하던 스웨덴의 겨울도 이제 조금씩 물러날 기미를 보이고 있다. 아침에 창문을 열면 대지의 냄새와 공기의 결이 다르게 느껴진다. 날씨에 민감한 지역에 살다 보니 자연도 변화를 앞두고 몸살을 앓는다는 것을 알았다. 한차례 몸살 후 느껴지는 미세한 차이는 아침과 저녁 나절 불어오는 바람에서 느낄 수 있었다.

길고 긴 겨울이 또 이렇게 물러가는 것인가 싶다.

오늘은 아이를 데리고 스웨덴 의회 '릭스다겐Riksdag'을 다녀온 이야기를 해야겠다.

스톡홀름에 오는 사람들이라면 꼭 가는 장소가 바로 감라스탄 Gamla Stan이다. 스웨덴 궁전도 있고 옛 스톡홀름 구시가지의 모습을 간직한 감라스탄은 스톡홀름의 주요 관광지 중 한 곳이다. 그리고 감라스탄 바로 직전 길목에 위치한 스웨덴 의회 역시 많은 사람들이 찾는 곳이다. 스웨덴 의회는 주중에는 스웨덴어 가이드 투어, 토요일과 일요일은 영어 가이드 투어가 있어 일반인에게 개방이 되고 있다. 특별히 2년에 한 번 모든 시민들에게 의회를 개방하고 여러 행사를 진행하는데, 바로 그 행사에 나는 아이를 데리고 참가했다.

의회 방문의 날에는 의회 전체 건물에서 여러 행사가 열렸다.

- 어린이를 위한 작은 의회(아이들이 의원석에 앉아서 정치인들과 의회 진행을 해보는 행사로 인기가 많다)
- 스웨덴 의회의 과거와 현재
- 가상 의회 참관(실제 정치인들이 회의하는 모습을 볼 수 있다)
- 정치로 떠나는 여행(이 프로그램을 놓쳐서 너무 아쉽다!)

이 외에도 각 층마다 여러 정치 관련 행사들이 진행된다.

2년에 한 번 개방되는 행사라서 그런지 의회는 많은 방문객들로 북적이고 있었다. 아이들을 동반한 가족 단위의 사람들도 많았고, 중고등학생 정도로 보이는 청소년들이 친구들과 방문하기도 했다. 의회 곳곳에는 많은 안내원들이 서 있었는데, 방문객들에게 먼저 다가와 질문이 있는지 물어보고, 어떠한 질문에도 친절하고 자세하게 대답해줬다. 아이에게 스웨덴 의회 내부를 소상히 보여줄 수 있는 기회이기도 했지만, 내가 의회를 방문한 목적은 바로 이날 스웨

■■■ 많은 방문객으로 붐비는 스웨덴 의회 내부 모습과 딸아이의 질문에 친절하게 설명 해주는 안내요원.

정치인과 대화를 기다리는 시민들로
붐비는 사민당 부스 앞.

덴 8개의 정당 정치인들과 자유롭게 질문을 할 수 있었기 때문이다. 각 당의 정치인들을 한 곳에서 만날 수 있다니, 얼마나 좋은 기회인가! 나는 속으로 환호성을 지르며 인파 사이를 헤집고 다녔다.

의회 5층으로 올라가자 8개의 정당들이 작은 부스를 설치하고 소속 당 정치인들이 시민들과 자연스럽게 대화를 하고 있었다. 곳곳에서 정치인들과 토론을 하는 시민들의 모습이 꽤나 인상적이었다. 스웨덴 제1여당인 사민당은 질문을 하기 위해 기다리는 사람들로 행사 시작부터 붐비고 있었다. 역시 사민당의 인기를 실감할 수 있었다.

나는 우선 상대적으로 사람들이 적은 다른 당 부스로 향했다. 사민당 바로 옆에 있었던 자유당Liberal Party에서부터 시작해 나는 모든 당을 돌며 여러 질문들을 자유롭게 할 수 있었다.

나는 주로 나의 관심 영역인 사회복지와 가족정책에 대해 질문했다. 그리고 요즘 유럽에서 계속 논의가 이루어지고 있는 기본소득 그리고 난민에 대한 정당들의 생각을 물어보았다. 각 당에서 내놓은 복지와 세금 그리고 가족정책에 대한 대답을 통해 나는 다양한 정책 방향과 노선의 차이를 실감할 수 있었다.

스웨덴 정당들은 경제와 복지 등 각 분야별로 그들이 지닌 정책의 정치적 가치와 사상에 따라 좌파와 우파로 나뉜다. 하지만 같은 좌파 또는 우파에 속한 정당들이라 하더라도 이들이 갖고 있는 정책적 차이는 분명하다. 즉 같은 좌파로 분류되는 사민당과 녹색당의 정책적 색깔이 같지 않고, 같은 우파라 해도 기독교 민주당과 자유당, 온건당의 정책적 색깔은 미묘한 차이를 보인다.

특히 가족정책은 이러한 색깔의 차이가 분명하게 드러나는 정책 영역이기도 하다.

기독교 민주당은 가족의 (전통적인) 가치와 그 중요성을 상당히 강조하고 있었다. 하지만 같은 우파 정당인 자유당은 기독교 민주당과 다소 상이한 입장을 보였는데, 개인의 독립을 강조하는 자유당은 가족 내 여성과 남성의 지위 그리고 개별적이고 경제적인 독립을 중요하게 여겼다. 따라서 젠더 평등 특히 여성의 노동에 대한 부분에서 두 정당은 다른 입장을 보였다. 사민당의 경우 다른 것보다 '다양성'에 중점을 두고 있었다. 여러 문화적 배경을 가진 이민자 가족들이 증가하고 있는 상황에서 다양성을 지켜주는 것이 이들이 직면한 새로운 과제라는 것이다.

아무튼 긴 기다림 끝에 행사 시간이 거의 끝나갈 무렵 나는 드디어 사민당 정치인과 개별 질문 시간을 가질 수 있었다. 내가 만난 사민당 정치인은 안나Anna Lena Sorenson였다. 1954년생인 그녀는 30여 년간 학교 선생님으로 재직하다 뒤늦게 정치인이 되었다. 현재 사회위원회 부의장이며, 국방위원회 일원인 그녀는 체구는 작지만 목소리에 힘이 느껴지는 그런 사람이었다. 이미 몇 시간 동안 수많은 사람들의 질문에 대답을 했을 그녀의 얼굴에는 다소 피곤함이 묻어나왔다. 더군다나 나의 순서는 행사가 마감되기 바로 직전이었다.

하지만 그녀는 흔쾌히 한국에서 온 외국인의 질문을 경청해주었다. 물론 나는 다른 당에서도 했던 사회복지와 가족정책에 대한 질문을 집중적으로 했다.

하지만 사민당에게는 다른 당에게 하지 않았던 질문 한 가지를 더 했다. 바로 "왜 사민당이 스웨덴 역사에서 가장 오래 그리고 많이 지지받는 정당이 되었다고 생각하는가?"였다. 쉽게 말해 "너희 당의 인기 비결이 무엇이냐"였다.

잠시 생각에 잠긴 그녀는 이렇게 대답했다.

사민당의 인기 비결은 역사적으로 설명해야 하는 부분이라고 했다. 1900년대 초반부터 사민당은 스웨덴 역사와 같이 해왔고, 많은 역사적 굴곡 앞에서 사민당은 무엇보다 시민을 위해 헌신했다는 것이다. 사민당에서 존경받는 많은 정치인들이 그러한 예이기도 하다. 그리고 사민당이 갖고 있는 사상과 가치를 스웨덴 국민들이 지지하기 때문이라 대답했다.

그녀가 중요하게 여기는 사민당의 가치는 바로 '연대'였다. 다양한 사람들이 하나의 공동체 안에 어울려 살아갈 수 있게 하는 힘, 연대.

스웨덴 사회는 다양한 계층, 성별, 학벌, 소득, 문화를 갖고 있는 사회 구성원들로 구성되어 있다. 그리고 스웨덴은 다양성을 바탕으로 모두 함께 힘을 모아야 한다는 생각을 중요한 가치로 여긴다. 연대는 힘을 모아야 위험과 어려움을 극복할 수 있다는 공동체 의식에서 비롯되며, 바로 오늘의 스웨덴이 있게 한 힘이고, 사민당이 추구하는 가치라는 것이다.

그녀가 말하는 연대의 가치는 사민당이 갖고 있는 여러 정책에서도 고스란히 드러난다. 사민당은 현재 다양한 가족에 대한 지원정책에 관심을 갖고 있다. 여러 문화적 배경을 가진 가족들이 증가하면서 계층 혹은 문화 간 차이로 오는 긴장감으로 인해 사회 구성원들 간의 오해와 갈등이 커질 수 있다는 것을 사민당은 감지한 것이다. 문제는 이러한 긴장감이 사회적 갈등으로 커지는 경우 공동체는 분열될 수 있고, 구성원 간의 연대의식 역시 금이 갈 수 있다. 그래서 사민당은 다양한 가족 또는 다양한 사람들이 자유롭고 평등하게 어울려 가는 방법을 고민하고 있는 것이다.

그리고 2018년 좌우 연정을 통해 다시 집권에 성공한 사민당의 선택을 봐도 안나의 생각이 여전히 유효하다는 것을 알 수 있었다.

매년 스웨덴에서 실시되는 국가기관 신뢰도 조사에서 스웨덴 의회는 높은 순위를 차지한다. 의회에 대한 국민들의 신뢰가 그만큼 높다는 것이다. 정치인과 국회에 대한 신뢰도가 낮은 우리와 비교하면 씁쓸함을 감출 수 없다. 우리에게 익숙한 정치인들의 모습은 정책적 사안으로 열렬하게 토론을 하는 모습이 아니라 상대 후보에 대한 흑색비방과 상대 후보와 그들 가족의 비리를 폭로하는 데 열을 올리는 모습이다. 정당이 고수하는 사상과 가치를 바탕으로 정책을 만들고 그것으로 유권자를 설득하는 정치인의 모습은 아직 우리에게 낯설다.

연도별 스웨덴 사회기관 신뢰도

2016년 순위	연도별 점수 / 기관	2010	2013	2016
1	대학	65	65	65
2	경찰	–	–	61
2	의료	–	57	61
3	중앙은행	63	52	52
4	방송(라디오/TV)	48	48	47
5	왕가	50	37	42
6	교회	32	34	41
7	국가	–	–	38
8	의회	55	45	33
9	정부	62	50	28
10	대기업	31	24	26
11	일간지	29	29	24
12	은행	37	27	23
13	노동조합	29	33	22
14	유럽위원회	26	16	18
15	정당	22	15	15

같은 문제에 대해 각 정당들이 제시하는 해결책은 다를 수 있다. 어느 정당의 주장이 옳고 그르다는 이야기를 하려는 것이 아니다. 정당 간에는 뚜렷하게 구분되는 정책적 지향점이 있어야 하며 이는 당연한 것이다. 하지만 우리 정당들의 모습은 어떠한가?

복지정책으로만 한정 지어 이야기를 하자면, 우리나라의 정당 간

복지정책의 차이는 뚜렷하게 구별하기 어려울 정도로 매우 유사한 형태를 보이고 있다.

그렇다. 모든 정당들이 복지의 확대를 주장하고 있다.

하지만 어떻게 복지를 확대할 것인지 그리고 왜 이 정책이 필요하다고 생각하는지 세심하게 들어가보면 정당 간의 차이가 분명히 보인다. 왜냐하면 복지정책은 사회적 자원에 대한 분배의 문제이기 때문이다. 한정된 자원을 왜, 어떻게 나누어야 하며, 누구에게 줄 것인지의 문제는 각 정당이 갖고 있는 가치와 정책적 신념들과 연결될 수밖에 없다.

정책은 정치적 산물이지만, 정당이 추구하는 가치와 사상의 산물이기도 하다. 이것은 옳고 그름의 문제가 아니다. 우리나라 역시 정당마다 다양한 가치와 생각이 존재할 수 있다. 유권자는 자신의 선호에 따라 혹은 자신의 가치에 맞게 정책과 정당을 선택하고 지지하면 된다. 문제는 우리의 정치가 정책 경합의 장이 아니라 온갖 비난이 난무하는 장이 되었다는 것이다.

새해부터 연일 검증되지 않는 거짓 뉴스와 비방과 혐오 발언들이 정치인들의 입에서 쏟아져 나온다. 지켜보고 있으면 누가 더 자극적이고 선동적인 말을 하나 경쟁을 하는 것처럼 보일 정도다. 아무리 지지세력을 결집하기 위한 행동이라고 해도 이제는 도가 지나쳤다는 생각이 든다. 심지어 촛불 대 태극기 집회를 나누어 어느 편인지 선택하라는 수준 이하의 촌극이 벌어지고 있다. 도대체 이들의 편가르기를 우리는 언제까지 봐줘야 하는 것인가?

정당들끼리 정책적 지향점이 다르다는 것은 이해하지만 조금이라도 그 차이를 좁히기 위해 협력하고 연대하기보다 편가르기와 검증되지 않은 비방만 하고 있다면, 그 정치인과 정당은 과연 누구를 위한 정당이고 정치인인지 묻고 싶다.

의회 행사를 뒤로 하고 딸아이 손을 잡고 나오는데, 딸아이가 주머니에서 주섬주섬 뭔가를 꺼내어 자랑을 한다. 사탕, 젤리, 풍선, 휴대폰 액정에 붙이는 액세서리 등 각 정당의 로고가 그려진 여러 작은 선물들이다. 내가 정당을 돌면서 인터뷰하느라 정신 없던 사이 우리 딸은 정당 부스를 돌아다니며 사탕과 젤리 같은 작은 선물들을 열심히 주머니에 챙겨 다니고 있었다.

"세상에, 도연아 이걸 다 그냥 가져온 거야?"

"아니요, 저도 엄마처럼 질문했어요."

그냥 사탕만 챙겨 오기 미안했는지, 본인도 질문을 하고 다녔단다.

딸아이가 각 정당 부스를 다니면서 한 질문은 단 하나였다.

"What does your party do?"

"당신의 당은 무슨 일을 하는가?"

아쉽게도 딸아이가 어떠한 대답을 들었는지 알 수는 없었다.

딸아이 말로는 그 사람들이 친절하게 대답을 아주 길게 해줬지만, 어려워서 이해를 하지 못했단다. 온건당 로고가 그려진 젤리는 주기가 아까웠는지 슬쩍 주머니에 도로 넣으면서, 선심을 쓰듯 사민당 로고가 그려진 빨간 장미 모양의 스티커를 내 휴대폰에 붙여주었다.

"당신의 당은 우리를 위하여 무엇을 하는가?"

우리가 나아지기를 원하는가?

단 한 발자국이라도 나아가기를 원한다면, 우리 아이들에게 더 나은 세상을 물려주고 싶다면, 자신의 이익을 위해 악랄한 거짓과 비열한 편가르기 외에는 어떠한 정책적 고민도 없는 정치인들을 단호하게 거부해야 한다.

봄이 오고 있다.

노을을 타고 바람이 불어온다. 더 이상 매서운 바람이 아니다. 얼었던 대지와 나무를 달래듯 순하고 포근한 바람이 불어온다.

기나긴 겨울을 뒤로 하고, 우리는 또 한 번의 봄을 맞이하고 있다.

우리 동네에 딱 맞는 맞춤형 복지
정책의 배달부, 코뮌

우리 딸아이가 좋아하는 영화 중에 〈마녀 배달부 키키魔女の宅急便〉라는 애니메이션이 있다. 꼬마아이가 마녀 수업을 받기 위해 고향을 떠나 사람들이 사는 큰 도시에서 배달일을 시작하는 것이 이야기의 큰 줄기다. 물론 배달일은 여러 시행착오를 겪는다. 그리고 이 영화의 배경이 스웨덴이라고 한다. 정말 보고 있으면, 스톡홀름이나 스웨덴 어느 작은 마을에서 봄 직한 건물들과 골목길들이 나온다. 특히 배경으로 나오는 황토색 벽돌에 주황색 지붕의 집들은 여기 스웨덴에서 흔히 보이는 전통집들이다. 딸아이는 키키의 좌충우돌 배달 이야기에 몰입해 보는 반면 나는 과연 저 배경이 어디일까 궁금해하며 영화를 본다.

키키처럼 하늘을 나는 빗자루를 타고 다니지는 않지만, 동네 주민에게 정책을 전달하는 배달부 '코뮌'에 대해 이야기해보고자 한다.

스웨덴에 와서 살다 보면 '코뮌Kommun'이라는 단어를 많이 듣게 된다. 여기 와서 처음에 이것저것 알아볼 때나 아이 학교(혹은 유치원)를 보낼 때마다 주변에서 나에게 가장 많이 해줬던 말이 바로 "코뮌에 가서 물어봐"였다.

코뮌이란 무엇일까?

지역마다 규모의 차이는 있겠지만, 코뮌은 우리로 치자면 시 단위의 지방자치정부에 해당한다. 스웨덴 사회에서 시민들의 복지와 일생생활을 유지하는 데 코뮌의 역할은 아주 중요하다.

스웨덴은 현재 20개의 광역자치단체와 290개의 기초자치단체로 나뉘어 있으며, 광역자치단체와 기초자치단체의 업무는 분리되어 있다. 의료와 대중교통과 같은 복지 업무는 광역자치단체가 주로 담당하며, 기초자치단체의 경우 시민들의 일상생활과 밀접한 관련이 있는 복지서비스 제공에 대한 업무를 주로 담당한다. 노인복지서비스와 아동보육서비스는 전적으로 기초자치단체의 책임이다. 스웨덴에서 기초자치단체가 해당 지역 시민들에게 복지서비스를 제공하는 것은 역사적으로 오래된 일이며, 지자체가 지역 주민들의 사회복지서비스 요구에 즉각적으로 대응하고 적절한 서비스를 제공하는 것은 법률과 제도로 정해져 있다. 스웨덴 사회복지서비스 역사에서 그리고 공급 체계 안에서 지자체의 역할은 아주 중요하며, 공공성 확대와 유지에 핵심적인 축을 담당하고 있다.

중앙정부는 스웨덴 사회복지서비스의 큰 틀을 제시하는 역할을 한다. 물론 지자체가 제공하는 서비스 질의 관리감독 역시 중앙정부의 몫이다. 하지만 중앙정부는 지방정부의 자율성을 최대한 존중한다. 지방정부 코뮌은 직접 지역의 특징과 주민들의 요구를 파악하고 적합한 서비스를 제공하기 위한 계획과 운영을 총괄한다.

우리는 지금까지 정책의 중요성, 좋은 정책(제도)이 왜 필요한지에 대해 이야기했다.

그렇다면 그 좋은 정책은 실제로 어떻게 우리에게 전달이 될까?

정책은 시민들에게 다양한 방식으로 전달이 된다. 가장 보편적인 방법은 바로 현금, 현물 그리고 서비스의 형태로 전달되는 것이다.

우선 현금은 아동수당처럼 현금이 직접 시민들에게 지급되는 것을 의미한다. 현물은 현금을 대체할 수 있는 거래 수단이 지급되는 것을 의미한다. 대표적인 것이 보육바우처, 문화바우처 등 특정한 복지 상품을 구매할 수 있는 상품권이다. 마지막으로 서비스의 형태로 제공되는 정책이 있다. 특정 수준의 교육을 받은 간병인 혹은 돌봄 노동자들을 통해 제공되는 노인돌봄서비스, 아동보육서비스 등이 이에 해당될 것이다. 특히 우리가 흔히 접하는 사회복지서비스의 경우 직접 사람이 찾아와 서비스를 제공하는 '대인 서비스'가 주를 이룬다. 정책 대상자들에게 현금이나 현물을 지급하는 것과 달리 돌봄 및 사회복지서비스는 직접적인 서비스가 제공된다는 점에서 그 전달 구조와 방식에 따라 큰 영향을 받는다.

정책을 만들 때 어떠한 전달 방식을 선택하느냐 역시 중요한데, 바로 정책의 효과성과 직결되기 때문이다. 아무리 좋은 가치와 목표를 갖고 정책을 만들었다 하더라도 구조의 비효율성, 복잡한 행정적 절차, 인프라의 부족 등으로 정책의 전달이 제대로 이루어지지 않는다면 그 정책은 성공적이라 할 수 없다. 시민들이 체험할 수 없다면 제아무리 좋은 정책이라 한들 무슨 소용이 있겠는가?

그래서 국가마다 정책을 효과적으로 전달하기 위한 다양한 체계를 갖추고 있다. 특히 돌봄서비스(노인, 장애인, 아동)의 경우 국가마다 처한 상황이 다르기 때문에 상이한 전달 체계를 구성한다. 민간 시장을 중심으로 서비스의 수요와 구매가 조절되는 나라들도 있고, 국가의 주도 하에 서비스가 제공되는 나라들도 있다. 스웨덴의 경우 국가가 복지서비스의 제공을 주도하는 대표적인 나라다.

그리고 스웨덴에서 복지서비스의 주된 전달자는 바로 지방정부 코뮌이다. 보통 해당 지역의 코뮌을 방문하면 건물 안에는 주민들의 민원을 받는 민원창구가 있으며, 코뮌 공무원들이 근무를 하고 있다. 규모에 따라 유치원이나 노인시설이 근처에 있는 경우도 있고 같은 건물 안에 있는 경우도 있다. 일부 코뮌의 경우 한 건물에 수영장과 같은 체육시설과 도서관 심지어 극장과 문화학교까지 구비되어 있다. 말 그대로 주민들의 일상생활과 밀접한 시설 혹은 서비스를 제공하는 것이 코뮌의 역할이다.

그렇다면 어떻게 코뮌은 사회복지서비스 운영에서 중추적인 역

■■■ 코뮌 안에는 도서관, 어린이집 등 다양
한 편의 시설이 있다.

할을 하게 되었을까?

1910년대부터 복지국가의 기초를 쌓고 있던 스웨덴은 1950년대 이후 사회서비스에 대한 인식 전환과 함께 급격한 제도의 발전을 이루게 된다. 특히 1960년대에 스웨덴은 안정적인 경제성장과 함께 여성과 좌파를 대신하는 새로운 정치 세대의 대거 등장 그리고 보편적이고 포괄적인 공공정책을 적극적으로 추진했던 사민당의 장기집권(1932~1974년)으로 국가와 공공의 역할에 대한 기대가 최고조에 이르던 시기였다. 1970년대 들어서는 그동안 있어왔던 공공서비스의 치료와 돌봄이라는 용어가 '사회서비스'로 통합되어 사용되기 시작했으며, 이 과정에서 사회서비스는 시민이라면 누구나 당연히 받아야 할 권리로 인식됨과 동시에 정부는 이것을 제공해야 할 의무를 지닌 것으로 사회적 합의가 이루어지게 된다. 특히 이 시기에 노인과 아동을 대상으로 하는 사회서비스가 확대되는데, 이는 여성들의 일과 가족 돌봄의 양립에 대한 이슈와 자연스럽게 연결된다. 따라서 스웨덴에서 사회서비스 확대는 여성의 경제활동 참여율 향상과 양성평등에 중요한 역할을 수행한 것으로 인식된다.

1982년 스웨덴 사회서비스의 법적 근거인 사회서비스법Socialt- jänstlagen, SoL이 제정되는데, 이 법의 도입으로 1950년대 이후 증가한 사회서비스에 대한 정비와 관리 및 규제의 체계가 확립된다. 또한 이 법은 사회서비스를 누구나 필요에 따라 제공받을 수 있는 보편적 권리로 규정했으며, 사회서비스 제공의 책임이 각 지방정부에

있음을 명시했다.●

  이후 스웨덴의 사회서비스는 1990년에 들어서 변화된 모습을 보인다. 바로 1992년 1월에 발효된 에델ÄDEL 개혁이다. 주로 노인복지를 대상으로 한 이 개혁은 통합된 제도를 통해 재가 급여와 시설 급여에 대한 욕구 충족의 가능성을 높이는 데 초점을 두었다. 에델 개혁의 효력 발생과 함께 그동안 광역자치단체가 담당했던 노인복지에 관한 업무 및 인력이 상응하는 재정과 함께 기초자치단체로 이관되는데, 개혁 당시 5만 5,000명에 달하는 광역 단위county councils 공무원들이 기초단위 지방정부municipalities의 공무원으로 전환되었다. 이 개혁으로 인해 스웨덴 정부가 사회보장제도를 시행한 이래 가장 큰 규모의 행정 및 조직 개편이 이루어졌으며, 노인을 대상으로 한 사회서비스 및 의료서비스 분야의 향후 발전 과정에 큰 영향을 미치게 된다.

  에델 개혁은 사회서비스의 지방화 전략을 보여주는 대표적인 사례로 꼽히는데, 이 개혁법은 노인과 장애인의 보건 및 복지서비스에 있어 선택의 자유를 확대하고, 의료 중심의 패러다임에서 독립적인 삶의 질 중심의 패러다임으로 서비스의 변화를 주도하게 된다. 일각에서는 이러한 에델 개혁이 실제로는 중앙정부 및 광역 정부가 광범위하게 책임지던 '병원서비스'를 상대적으로 비용이 적게

● socialstyrelsen, 2015. The National Board of health and Welfare.

들어가는 '재가 돌봄서비스'로 전환한 것이라 보기도 한다. 전혀 틀린 주장이 아니다. 실제로 에델 개혁 이후 노인을 대상으로 했던 의료비의 절감이 나타났기 때문이다. 즉 대규모 노인 요양병원을 이용하는 노인의 수가 줄어든 효과가 나타났다.

다른 유럽 국가들과 마찬가지로 스웨덴 정부 역시 서비스 사용자의 급증으로 인한 정부의 재정적 부담감이 증가되고 있다. 스웨덴은 에델 개혁을 통해 재정 지출을 감소시키고 의료비 증가에 대한 대책을 세웠다고 보면 된다. 서비스 제공이 대규모 병원에서 이루어졌던 노인 돌봄(의료와 간병) 서비스는 에델 개혁 이후 지역 중심의 돌봄서비스(특히 재가 중심)로 변화되었다. 하지만 이것이 절대 서비스의 질이 하락했음을 의미하지는 않는다.

스웨덴의 복지기관을 방문하면서 가장 인상 깊었던 것은 서비스 기관(노인 요양시설이든 보육시설이든)이 소규모로 운영된다는 것이었다. 규모가 작은 서비스 시설들이 체계적으로 운영될 수 있는 것은 바로 돌봄과 교육서비스가 지방자치단체의 책임으로 이관되었기 때문이다. 실제로 내가 방문한 기관의 관리자나 지방자치단체 노인 또는 교육서비스 담당자들에게 이렇게 소규모로 서비스 기관들이 운영되는 이유를 물었을 때, 이들의 대답은 한결 같았다. 바로 중앙 정부가 아니라 지방정부에 의해 서비스가 제공되기 때문이라는 것이었다. 노인의 경우 특히 중앙정부에 의해 서비스가 제공되고 관리되던 시절에는 한 기관에 300여 명이 수용되는 경우도 많았다고 했다. 하지만 서비스의 책임과 전달의 단위가 지방자치단체로 이양되면서부터 시설의 규모가 작아졌다는 것이다.

설득력 있는 대답들이다. 실제로 우리가 이용하는 모든 복지서비스는 지역에서 이루어진다. 특히 노인들의 요양시설이 우리가 사는 지역 안에서 설립된다면, 요양원을 찾아 도시 외곽으로 나가거나 시간을 어렵게 만들어내야 하는 상황은 없을 것이다. 출퇴근 시간에 잠시 시간을 내어 가족들이 요양원에 들를 수 있는 것은 모든 서비스가 지역사회 안에서 이루어지기 때문에 가능한 것이다.

아이들의 보육은 물론 교육도 마찬가지다. 스웨덴의 보육시설은 차량을 운영하지 않는다. 한국에서 출퇴근 시간에 빈번하게 보이는 노란 어린이집 차량을 여기서는 볼 수 없다. 부모들은 유모차에 혹은 자전거 뒤에 아이를 태우고 어린이집(유치원)에 아이들을 데려다주고 데리러 온다. 이 역시 보육시설들이 아이들의 집 근처에 있기 때문에 가능한 것이다(물론 차를 이용해 아이들을 데려다주는 부모들이 종종 있는데, 이 경우는 주로 직장 근처에 어린이시설이 있거나, 부모의 선택에 의해 특정 종교 혹은 사립유치원에 보내는 경우에 해당한다. 하지만 이러한 사례는 소수에 불과하다).

물론 지자체에서 이렇게 서비스를 책임지고 운영하기 위해서는 법률적 지원과 더불어 재정적인 자율성이 절대적으로 필요하다. 스웨덴에서 지방정부는 거주민에게 세금을 징수할 수 있으며, 이것은 지방정부 수입의 약 70퍼센트를 차지한다. 물론 이 외에도 중앙정부가 지원하는 특별 교부금이 있고 각종 서비스 이용료 역시 지방정부의 재정 수입이다. 각 지방정부는 지방 의회를 통해 필요한 세율을 정하고 거두어들인 세금을 어떻게 사용할 것인지 정한다. 물론 세율은 지역에 따라 약간의 차이가 있다.

지방정부들 간의 재정적 차이는 그 지역이 지닌 범위와 규모의 차이로 인해 발생할 수 있다. 인구가 많은 지자체와 적은 자자체 간의 재정 수입은 차이가 날 수밖에 없다. 스웨덴 중앙정부는 지자체 간 재정의 차이를 조정하기 위해 세율이 낮은 지자체에게 교부금을 지원해주기도 한다. 정부의 교부금은 인구가 급감하는 지역 혹은 작은 규모를 지닌 지역의 낮은 세율을 보전해준다.

어느 순간부터 우리가 자주 들었던 말 중 하나가 '작은 정부'다. 관료의 비대화를 우려하는 목소리와 함께 나오는 대안 중 하나가 작은 정부를 지향하자는 것이다. 이 말에 나는 이견이 없다. 스웨덴 역시 작은 정부를 지향하고 그렇게 유지된다. 복지체제만 보더라도 중앙정부의 역할은 큰 틀을 제공하는 것뿐이고, 지자체 간의 형평성을 조율하거나 서비스 질을 관리 감독하는 일만 담당하기 때문이다.

하지만 문제는 정부가 작아지면 그 공간을 누가 채울 것인가 하는 점이다.

작은 정부를 지향하는 쪽에서는 주로 작은 정부와 합리적 시장을 이야기한다. 이 둘이 짝인 것처럼 이야기한다. 즉 정부가 작아지는 대신 정부의 역할을 민간(시장)이 효율적으로 대신할 수 있다는 것이다. 돌봄서비스의 민영화를 주장하는 근거다.

돌봄서비스의 민영화가 덮어 놓고 다 나쁘다고 이야기하는 것은 아니다. 하지만 문제가 많은 것이 사실이다. 특별한 규제 없이 질 관리가 되지 않는 서비스의 민영화는 엄청난 문제를 수반한다.

여기서 드는 질문, 작은 정부의 짝이 꼭 민영화일까? 작은 중앙정부와 효율적이고 독립적이며 자율적인 지방정부가 짝이 될 수 있다. 그 예가 바로 스웨덴이다.

물론 중앙정부든 지방정부든 다 정부인 거 아니냐며, 어떻게 이것이 작은 정부라 할 수 있냐고 반박할 수도 있다. 그렇다면 나는 왜 이 모든 것을 정부 대 민간으로만 나누어야 하는지도 되묻고 싶다. 좋은 질의 서비스를 효과적으로 전달하는 것이 목적이라면 그 방법도 좀 다양하게 생각해야 하지 않을까?

보통 작은 정부가 선호되는 이유는 재정적 압박에서 시작된다. 스웨덴 역시 이렇게 지방정부의 역할이 커진 이유는 바로 재정의 압박 때문이었다. 재정의 압박을 이유로 민영화를 대안으로 내놓을 수도 있지만, 스웨덴처럼 정부의 역할을 효율적으로 분담하는 방식도 존재한다. 물론 지방정부는 서비스 전달을 하는 데 있어 직접 전달자가 되기도 하고 민간에 위탁을 하기도 한다. 하지만 모든 기관의 관리와 규제는 지자체의 책임 하에 철저하게 이루어진다.

또한 서비스 질에 대한 만족도도 높다. 1년에 한 번씩 이용자와 근무자들에게 만족도 조사를 하고 조사 결과는 지자체가 운영하는 홈페이지에 누구나 볼 수 있게 공개된다. 그리고 이러한 정보들은 지역 주민들이 보육시설 혹은 노인시설을 선택할 때 판단의 기준이 된다. 지방정부가 제공하는 서비스에 대해 시민들은 평가를 하고 그 평가에 따라 선택을 한다. 자연스럽게 서비스의 질 역시 관리가 되는 것이다. 그리고 이러한 사회서비스에 대한 시민들의 신뢰는 상당히 높다.

우리가 아무리 좋은 정책을 갖고 있다 하더라도 그 전달체계가 미흡하거나 혹은 문제가 있다면, 우리는 그 정책을 제대로 이용할 수 없을 것이다. 이용하더라도 그 효과성에 의문을 제기할 수 있다. 정책의 전달자는 그래서 중요하다.

'공개OPENNESS'와 '다양성DIVERSITY'.

이것은 스웨덴의 사회복지서비스가 내걸고 있는 목표다.

서비스의 운영과 정보에 대한 공개 그리고 서비스 대상자의 다양한 욕구에 대한 적절한 대응.

이것을 위해 스웨덴 정부는 몸집을 작게 나누었다.

스웨덴 주민들이 서비스 질에 대해 높은 만족도를 보이는 이유는 그 중심에 작지만 강한 지자체, 코뮌이 있기 때문이다.

왜 한국이 스웨덴처럼 되어야 하는가
우리도 좋은 정책을 만들 수 있다

"한국도 스웨덴처럼 될 수 있을까요?"

스톡홀름에 지내다 보면 한국에서 여기로 특별한 목적을 가지고 오시는 분들을 간혹 만난다. 정치인, 공무원, 교사, 학생, 기자, 시민단체 활동가 등 정말 다양한 분야에서 일하시는 분들을 만났다. 이 분들이 여기 오시는 이유는 단 한 가지, 바로 스웨덴 복지정책이다.

나는 모든 분야의 전문가가 아니기 때문에 주로 내 분야에 한해 설명해드리곤 한다. 그리고 이 나라를 지탱하는 것이 비단 하나의 제도만이 아니며, 그 제도가 만들어진 배경과 역사에 대해서도 알아야 한다고 이야기한다. 왜 그러한 정책이 생겨났는지를 알아야 여기 시민들이 어떠한 가치 위에 굳건히 서 있는지를 파악할 수 있기 때문이다.

정책에 대한 설명과 역사나 배경에 대한 이야기가 끝날 때쯤 되면, 한결 같이 이 분들이 하는 질문이 있다.

"한국이 스웨덴처럼 될 수 있을까요?"

"왜 같은 제도가 한국에도 있는데 스웨덴처럼 결과가 나오지 않을까요?"

"스웨덴에 있는 이 제도가 한국에서도 가능할까요?"

나는 왜 이 분들이 이러한 질문을 하는지 그 마음을 이해한다.

나 역시 그랬기 때문이다.

스웨덴은 내가 오고 싶어 했던 곳이다. 사회정책 특히 가족정책을 공부하는 나에게 스웨덴은 꼭 연구하고 싶은 곳이었다. 그런데 한 6개월쯤 있다 보니, 내 안에서 여러 가지 복잡한 생각들이 꼬이기 시작했다. 스웨덴 정책은 내가 생각했던 것보다 훨씬 단단하게 잘 짜여 있었다. 그리고 이 국가에 대한 부러움은 자연스럽게 현재 한국의 상황과 연결이 되곤 했다. 왜 우리나라에서는 이것이 안 되는 거지? 어떻게 이것을 한국에 적용시킬 수 있을까? 어디서부터 시작을 해야 할까, 무엇이 잘못되었을까?

누군가는 노동시장의 문제라 했고, 누군가는 정치의 문제라 했고, 누군가는 관료들의 무능을 지적했으며, 또 누군가는 교육의 문제라 했다. 스웨덴이 갖고 있는 정책에 대한 부러움과 이것을 어떻게 우리나라에 적용시킬 수 있을 것인가에 대한 문제 앞에서 나의 고민은 쉬이 해결되지 않았다.

창밖의 스웨덴은 눈이 부시다. 지금 스웨덴은 일 년 중 가장 아름다운 계절인 여름에 접어들었다. 또한 지금은 스웨덴에서 가장 크게 세일을 하는 기간이다. 일명 미드섬머midsommar 세일. 이 기간에는 쇼핑몰에서 할인을 크게 한다. 50퍼센트 이상 할인하는 곳이 많기 때문에 나 역시 이 기간을 기다려왔다.

할인 기간이 되자 나는 딸아이와 옷을 사기 위해 쇼핑몰로 향했다. 하지만 옷을 사는 데 문제가 생겼다. 문제는 바로 이네들의 옷이 도통 나에게 맞지 않는다는 거다. 바지의 경우 더욱 그랬다.

저렴하고 예쁘면 무엇을 할까……. 그렇다고 억지로 내 몸을 옷에 맞출 수는 없기 때문에 결국 아이 옷만 몇 개 사 들고 나왔다. 여기 옷 특히 바지는 나에게 영 어색하다. 우선 허리가 맞으면 다리 길이가 너무 길고, 다리 길이에 맞추면 허리가 맞지 않는다. 저렴하기 때문에 내 몸에 맞지 않는다는 것을 알지만 옷에 미련을 버리지 못하고 궁리만 한다. 하지만 궁리를 한들 무슨 소용이 있을까.

옷을 만지작거리며 생각했다. 제도와 정책도 옷과 같다고…….

우리가 살고 있는 세상에는 나름 선진 복지국가라 불리는 나라들이 많다. 유럽의 많은 국가를 비롯해 미국, 캐나다, 뉴질랜드, 호주, 일본 등이 그러하다. 이렇게 다양한 복지국가들을 비슷한 특징을 지닌 것들로 분류하기도 한다.

우선 자유주의 복지국가들이 있다. 영국, 미국 그리고 호주와 같은 영어권 국가들이 여기에 속하며, 이 국가들은 자산 조사를 통한

스톡홀름의 항구에서.

빈곤 구제에 중점을 두고 복지는 개인과 가족의 책임이라 생각한다. 복지 제공의 측면에서 시장과 민간의 비중이 큰 국가들이기도 하다.

둘째는 보수주의 복지국가로 독일, 프랑스와 같은 서유럽 국가들이 이에 속한다. 이들은 사회보험의 전통과 역사가 길고, 사회보험이 복지의 주된 축이 된다.

마지막으로 사회민주주의 복지국가 유형이 있다. 스웨덴과 노르웨이, 핀란드, 덴마크 등의 북유럽 국가들이 이에 속한다. 보편적인 사회서비스를 제공하는 이들의 정책은 누구에게나 혜택을 보장하는 관대함을 특징으로 가지고 있다.

물론 이것은 내가 분류한 것이 아니다. 요스타 에스핑-안데르센Gøsta Esping-Andersen이라는 아주 유명한 비교사회정책 학자의 연구 결과다. 그리고 사실 안데르센은 더 복잡한 기준으로 유럽의 복지국가들을 세 가지 유형으로 분류했다. 나의 설명은 지극히 단순화한 것이라 보면 된다.

요스타 에스핑-안데르센 외에도 많은 학자들이 유럽의 복지국가들을 유형화했다. 하지만 요스타 에스핑-안데르센의 세 가지 유형에서 크게 벗어나지 않는다. 물론 같은 유형에 속한 국가라 하더라도 세밀하게 들여다보면 저마다 차이점을 갖고 있다. 하지만 큰 틀에서 보면 이러한 분류가 가능하다.

그러면 이쯤에서 드는 질문 하나.

한국은 어떠한 유형에 속할까?

자유주의 유형인가? 보수주의 유형인가? 사민주의 유형인가?

요스타 에스핑-안데르센은 자신의 한국어판 서문에 이렇게 말한다. 한국은 아직 발전 중인 국가이며, 자유주의와 보수주의 그 사이에 있는 것 같다고 말이다.

맞는 말 같기도 하고, 아닌 것 같기도 하다.

한국의 복지국가 역사는 유럽보다 상대적으로 아주 짧다. 보통 복지국가의 역사는 자본주의 그리고 민주주의 역사와 같이 한다고 보기도 한다. 그렇게 보자면 한국의 복지국가 역사는 상당히 짧은 것이다. 따라서 한국의 복지국가 형태가 아직 발전 중이라는 에스핑 안데르센의 말은 어느 측면에서는 맞는 말처럼 들린다.

하지만 과연 한국이 자유주의와 보수주의 사이에 있으며, 향후 어떻게 발전하느냐에 따라 자유주의로 갈지 보수주의 유형이 될지 정해질 수 있다는 말에는 의구심이 든다.

실제로 한국 학자들 사이에서는 한국의 복지국가 유형이 잔여주의 성격이 강한 자유주의로 가고 있다고 주장하는 의견도 있고, 사회보험 성격이 강한 보수주의 유형에 가깝다고 주장하는 의견도 있다. 물론 이 외의 다른 의견들도 있다.

나는 여기서 이들 중 누구의 의견이 맞고 틀리다를 이야기하고 싶지는 않다. 각자의 주장을 듣고 있으면 다 맞는 것 같다는 생각이들 정도로 설득력도 있다. 그래서 혹자는 한국은 자유주의와 보수주의의 혼합형이라고 주장하기도 한다.

하지만 이 글에서 내가 하고 싶은 말은 학계의 다양한 주장들의 타당성과 한계점이 아니다.

내가 던지고 싶은 질문은 이것이다.

"왜 한국은 자유주의 유형이든 보수주의 유형이든, 혹은 스웨덴과 같은 사민주의 유형이든 유럽이 거친 경로 중 하나로 갈 것이라고 생각하는가?"

우리가 살고 있는 이 세상에는 수많은 유형의 국가들이 있다. 그리고 다양한 복지국가들이 있다. 앞서 말한 요스타 에스핑-안데르센의 유형론에 속한 국가들은 산업혁명 이후 자본주의와 다양한 정치체제를 경험한 국가들이다. 즉 이 국가들은 최소한 70년에서 100년에 걸쳐 복지체제를 다져온 국가들이다. 산업혁명 이후 또는 제2차 세계대전 이후 현재 복지국가의 초석을 다진 경우가 대부분이라는 것이다. 물론 스웨덴도 예외는 아니다.

그렇다면 한국은 어떠한가?

광복 이후 그리고 한국전쟁 이후, 우리가 경제 발전의 초석을 다진 기간은 길어야 고작 60여 년 남짓이며, 민주주의 역사는 그보다 짧다. 그리고 우리가 복지국가 혹은 복지에 대해 관심을 가진 것은 고작 20여 년 남짓이다.

현재 우리가 선망하는 복지국가들이 황금기를 구사하던 시기에 우리는 겨우 경제개발도상국에 진입하고자 전국민이 앞만 내다보며 달렸다. 당연히 민주주의는 먼 이야기였고, 복지국가는 국민 대다수가 모르던 그런 시기였다. 한국 복지의 역사는 이처럼 짧고, 현재의 복지국가들과 전혀 다른 환경에서 시작했다.

내가 하고 싶은 말은, 복지의 시작에 있어 우리와 유럽은 그 출발점부터 다르다는 것이다. 시기도 다르고 경제적·정치적 상황도 너무 달랐다. 우리나라에서 한창 경제 발전과 민주주의 발전이 이루어지던 시기에는 국제 정세도 유럽의 경우와는 전혀 달랐다.

시작이 달랐다면, 그리고 환경이 달랐다면, 한국 복지국가의 모습 역시 유럽과 다를 수밖에 없지 않을까? 이것은 결코 우리의 모습이 나쁠 것이라 비판하는 것이 아니다. 다름을 이야기하는 것이지 뒤떨어지거나 나쁨을 의미하는 것이 아니다.

"한국이 스웨덴처럼 될 수 있을까요?"

이 질문 안에는 한국도 스웨덴처럼 되었으면 좋겠다는 바람과 동시에 한국이 스웨덴처럼 되기 힘들 거라는 푸념도 섞여 있다는 것을 나는 안다. 스웨덴 정책들 중 좋은 것들이 많이 있다는 것은 사실이다. 특히 교육, 노동, 가족정책은 부러운 것이 많다. 반면에 일부 사람들의 생각처럼 한국은 스웨덴처럼 되기 힘들 수도 있다.

하지만 우리가 왜 스웨덴처럼 되어야 할까?

스웨덴은 이들 나름의 문화와 역사를 통해 현재의 제도를 갖춰왔다. 길게는 100여 년이 넘게 지속되어온 제도도 있다. 오랜 기간 동안 이들은 본인들의 상황(경제적·정치적·국제적)과 문화에 맞게 제도라는 옷을 만들었다.

이런 이들의 옷이 과연 우리에게 딱 맞게 어울릴 수 있을까?

아무리 유행이 돌고 돈다지만, 옷에도 유행이라는 것이 있어서, 유행에 맞게 옷을 수선할 수도 있고 아예 새로운 옷을 살 수도 있다. 하지만 본래 내 몸에 맞는 옷이 가장 맵시가 나는 법이며 편한 법이다. 유행도 내 몸에 어울려야 멋이 산다. 내 몸에 맞게 옷을 수선할 때도 종종 있지 않은가.

물론 우리도 스웨덴 제도와 다른 여러 국가들의 제도를 받아들여야 하며 이것 역시 아주 중요한 과제다. 그렇게 한다고 우리가 북유럽 모델이 되는 것은 아닐 것이다.

우리의 미래는 자유주의 모델도, 보수주의 모델도, 사민주의 모델도 아닐 수 있다.

우리가 가진 정책들이 다 좋다는 말은 아니다. 여러 가지 문제점들이 노출되고 있다는 것도 안다. 하지만 우리는 우리에게 맞는 정책들을 만들어왔다. 실제로 현재 우리가 가진 많은 사회복지정책들 중 우리에게만 있는 특별한 것들이 많다.

우리의 건강보험제도가 그렇다.

유럽에 나와본 사람, 특히 미국에 살아본 사람은 안다. 우리나라 건강보험제도가 얼마나 좋은지 말이다(문제가 없다는 말은 아니다).

우리가 가진 제도 중 외국에서 가져온 것들도 많다. 특히 사회보험(사회보험의 방식은 여러 국가들의 제도를 분석하고 검토한 후 받아들여지는 경우가 많다)이나 여러 사회복지 정책들은 그러하다. 그럼에도 불구하고 우리의 제도들은 유럽과 다르다. 우리의 상황에 맞게 수선이 되었다고 보면 된다.

어쩌면 현재 우리는 우리만의 독특한 복지국가 모델을 만들어가는 과정일 수 있다. 우리는 지금 현재 우리의 몸에 맞는 옷을 만들기 위해 고심 중이다. 물론 우리의 몸이 균형이 잘 잡힌 몸일수도, 그렇지 않은 몸일수도 있다. 하지만 우리는 우리 몸에 맞게 또 유행도 고려해 옷을 만든다. 물론 몸이 성장하거나 형태가 바뀌면 옷도 바꾸어야 한다는 것은 자명한 일이다.

다른 나라의 제도를 연구해 우리 실정에 맞게 수선하는 것은 아주 중요하다. 하지만 계속 수선만 해서 옷을 입을 수는 없다. 우리도 우리에게 맞는 제도를 만들어야 한다. 왜냐하면 우리가 걸어온 길은 서구 유럽과 달랐기 때문이다.

1년 전 나는 우리나라가 스웨덴처럼 되기를 소망했다. 하지만 지금의 나는 왜 우리가 스웨덴처럼 되어야 하는지 삐딱하게 딴죽을 걸어본다. 그리고 한국은 한국형 복지국가를 만들 수 있을 거라는 기대를 가져본다.

후에 사회복지 역사 시간에 해당 제도의 시작이 영국이나 스웨덴, 독일이 아닌 '대한민국'이라 말할 수 있는 날을 상상해본다. 우리는 우리의 몸의 단점은 보완해주고 장점은 멋지게 보여줄 맵시 나는 옷을 만들 수 있다. 그리고 우리는 그 시작점에 서 있다.

"한국이 스웨덴처럼 될 수 있을까?"

이 질문을 하는 사람들에게 다시 질문해본다.

"왜 우리가 스웨덴처럼 되어야 하는데?"

스웨덴 테신공원의 풍경.

나와 아이들의 삶을
지켜줄 정책이야기

내가 사는 동네는 작은 공원들이 몇 개 있는데, 나는 그중에 우리 집 뒤쪽에 위치한 테신파켄Tessinparken(테신공원)의 오솔길을 좋아한다. 아파트 4층 높이만큼 하늘을 향해 호리호리하게 뻗은 나무들 사이에 난 그 오솔길은 비가 오면 여기저기 작은 물 웅덩이가 생기고, 바람이 불면 흙가루가 날리는 길이다. 나는 그 오솔길 벤치에 앉아 나뭇잎 사이로 반짝거리는 햇살의 가닥을 느끼며 살짝살짝 보이는 하늘을 좋아한다.

내가 그 오솔길을 좋아하는 또 다른 이유는 오솔길 옆 잔디밭에서 여유롭게 햇볕을 즐기는 사람들 때문이다. 동네 공원에는 동네 사람들이 여기저기 아무렇지도 않게 잔디에 앉아 햇볕을 누리고 있다. 각자 나름의 스타일로 오후를 즐기는 모습이 평화롭다. 누워서 혹은 편안하게 앉아서 책을 보거나 졸고 있는 어른들 사이로 아이들과 개들이 뛰어다닌다. 겨울을 제외하고 언제나 물이 뿜어져 나오는 분수대는 물놀이하는 아이들과 강아지들 그리고 새들로 항상 북적인다. 평일 오후라고 생각할 수 없을 정도로 한가한 그들의 모습을 보고 있자면, 그들의 삶이 부러우면서도 한편으로는 다른 삶을 살고 있는 우리의 모습이 떠올라 씁쓸하다.

스웨덴에 있지만 나는 대한민국을 떨쳐버릴 수가 없었다. 나와 사랑하는 내 아이의 조국이며, 내가 사랑하는 사람들이 살고 있는 우리나라가 더 좋은 나라가 되기를 나는 소망한다. 그리고 우리나라가 더 살기 좋은 나라가 되기 위해서는 좋은 정책이 필요하다고 생각한다. 그래서 이 글을 쓰기 시작했다.

좋은 정책이 무엇이고 왜 좋은 정책이 중요한지에 대해 이야기를 나누고 싶었다. 이론으로 쓰는 정책, 정치판 안에서 이루어지는 정책이야기가 아니라 따뜻한 삶이 묻어나는 쉬운 정책이야기를 하고 싶었다. 그래서 나는 스웨덴에 살고 있는 평범한 사람들이 말하는 그들의 정책이야기 그리고 그들의 삶에 반영된 정책이야기를 하게 되었다. 물론 정책 입안자, 학자 혹은 정치인들의 이야기도 중요하고 의미 있지만 나는 삶을 통해 정책을 경험하는 평범한 이웃들의 이야기를 하고 싶었다.

그리고 내가 만난 스웨덴 사람들의 정책에 대한 믿음과 자부심 안에는 그러한 정책을 만들고 지켜준 아버지, 할아버지 세대에 대한 고마움과 더불어 이 정책을 다음 세대에 넘겨줘야 한다는 연대와 약속이 흐르고 있었다. 좋은 정책이란 그런 것이 아닐까? 나의 삶을 지켜주고 더 나아가 우리 아이들의 삶을 지켜주는 것, 세대와 세대를 잇는 끈과 같은 것 그것이 바로 좋은 정책이라 생각한다.

이제는 정말 이 글을 마무리할 때가 되었다. 쉽고 재미있는 글을 쓰고자 했지만, 독자분들에게 어떻게 읽힐 것인지 자신이 없다. 또한 객관적인 글쓰기를 지향하지만 너무 주관적인 글쓰기를 한 것 같아 부끄럽다. 무엇보다 스웨덴이 좋은 정책만 갖고 있는 나라로 여겨질까 걱정이 된다. 좋은 정책이 만들어지고 이어지는 과정에 대한 예로 스웨덴을 든 것이지, 스웨덴이 완벽한 나라라고 이야기한 것은 아니다. 그럼에도 불구하고 내 글에서 이러한 오해가 생겼다면 그것은 전적으로 내 글쓰기 능력의 부족함 탓이다.

마지막으로 이 책이 나오기까지 나에게 격려와 도움을 주신 분들에게 감사의 마음을 전하고 싶다. 부족한 글을 기꺼이 책으로 만들어 주신 추수밭 출판사에 감사드린다. 스웨덴에서 공부할 수 있는 기회를 주시고 연구에 많은 도움을 주신 최연혁 교수님께 큰 감사의 마음을 전하고 싶다. 그리고 스웨덴에서 힘들 때마다 큰 힘이 되었던 스톡홀름 한인교회 분들, 이런저런 자잘한 인터뷰에 흔쾌히 응해준 스웨덴 이웃들과 친구들에게도 감사함을 보낸다. 언제나 따뜻한 격려와 응원을 보내준 영원한 나의 편, 나의 부모님과 동생들 그리고 인천 가족들, 박미숙 선생님, 채완순 선생님, 세광교회 여러

분들에게 큰 감사를 보내드리고 싶다. 마지막으로 본의 아니게 이 책에 가장 많이 등장하는 사랑하는 나의 딸 도연이와 내 글의 애독자이며 동시에 비평가인 나의 가장 오랜 벗, 남편 권재수님에게 큰 사랑과 감사를 보낸다. 그리고 나의 삶을 붙들어 주신 주님께 감사드린다.

내가 좋아하는 테신공원 오솔길에 앉아 있다.

이 길은 아침이면 동네 사람들이 회사와 학교를 가기 위해 바쁘게 걷는 길이며, 얼마나 뛰었는지 땀에 흠뻑 젖어 있는 젊은 여성이 거친 숨을 내쉬며 뛰어다니는 길이고, 나른한 낮이 되면 유치원 아이들이 올망졸망 줄을 지어 산책을 나오는 길이고, 아빠들이 유모차에 아기를 태우고 산책하는 길이며, 내 친구 바박 아저씨가 강아지 산책을 시키는 길이다. 오후가 되면 가족들이 집으로 돌아오는 길이며, 사이 좋은 노부부가 손을 잡고 걷는 길이다. 그리고 내가 학교에서 돌아오는 아이를 기다리는 길이기도 하다. 이 길 끝에서 우리 아이가 힘차게 손을 흔들고 있다.

내가 이 길을 좋아하는 이유는 이 길 위에 우리 아이가 서 있기 때문이다.

누구나 자신의 삶을 누리며 걸어가는 이 길을 우리 아이들이 걸어갈 수 있기를 소망한다.

스웨덴의 저녁은 오후 4시에 시작된다
일상을 행복으로 만드는 복지이야기

1판 1쇄 발행 2019년 4월 24일
1판 5쇄 발행 2024년 1월 25일

지은이 윤승희
펴낸이 고병욱

기획편집실장 윤현주 **책임편집** 김경수 **기획편집** 한희진
마케팅 이일권 함석영 황혜리 복다은
디자인 공희 백은주
제작 김기창 **관리** 주동은 **총무** 노재경 송민진

펴낸곳 청림출판(주)
등록 제2023-000081호

본사 04799 서울시 성동구 아차산로17길 49 1009, 1010호 청림출판(주)
제2사옥 10881 경기도 파주시 회동길 173(문발동 518-6) 청림아트스페이스
전화 02-546-4341 **팩스** 02-546-8053
홈페이지 www.chungrim.com
이메일 cr2@chungrim.com

ISBN 979-11-5540-147-7 03300